アジアで働く

自分を活かす・キャリアが広がる

九門　崇
Takashi Kumon

英治出版

※本書に登場する方の肩書きは、すべて取材当時のものです。なるべく本名で掲載するように努めましたが、ご事情によりイニシャルや仮名で掲載させて頂いたケースもあります。

はじめに

「仕事への満足度は七〇点くらい。これが一〇点ならすぐに辞めるかもしれませんが、半端に満足しているからこそ、もやもやするんです」

「うしろ向きの仕事ばかりです。社内のルールが厳しくなる一方で、新しく何かを創り出す仕事が少ないので刺激がありません」

「閉塞感がありますが、それを壊すために何をすればいいのかがわからないんです」

これらは、私が周囲の二〇〜三〇代の人から聞いた言葉だ。今の状況には決して満足していない。しかし、それを変えるための具体的なアクションも見つからない……。そんな気持ちでいる人が多いように感じる。

私は、これまで長く中国をはじめとしたアジア地域の調査や日本企業の進出サポートを行ってきた。そうした仕事の中で、日本を離れてアジアで仕事をする日本人に大勢出会ってきた。

特に印象深いのは、アジアで起業した日本人たちの姿だ。

単身インドに渡って携帯コンテンツ事業を立ち上げた人、中国の駐在経験を活かして日中間のビジネスコンサルティング事業を興した人、ベトナムで人材開発会社を立ち上げた人など、多くの起業家に出会ってきた。

これらの人は、慣れない環境や異なる商慣習、価値観の異なる人たちとのコミュニケーションに悩みもがきつつも、とてもいきいきとした顔で仕事をしていた。日々が真剣勝負、これまでの常識がまるで通用しない、自分がまるごと試される……。そうした日々の中では閉塞感に浸っているヒマなどない。彼らは、そんな熱さとひたむきさを発していた。


「すぐ近くに、こんなに面白く働ける場所があるのに……」

私は日本の若いビジネスパーソンの嘆きを聞くたびにそう思って、彼らに「アジアで働く」という選択肢について話してきた。しかし、言語や将来のキャリアへの不安を口にする人が多く、心理的な壁が高いことを感じた。

私とアジアとの出会い

私が最初に「アジアに出会った」のはアメリカだった。

大学四年のときに留学したアメリカでは、仲間に多くのアジア人がいた。私は顔立ちの似た彼らの文化や考え方に興味が湧き、アジアに関する勉強がしたくなった。その後の専攻を考えようとアジア各地を旅することにした。仲間たちの出身地であるタイ・インドネシア・シンガポールなど、東南アジアを中心にバックパックを担いで回った。しかし、なかなか「この国だ！」という場所は見つからない。


最後の目的地として残ったのが中国だ。

私がはじめて中国を訪れたのは一九九五年。「皆が人民服を着て、広い道路を自転車が行き交っている」というイメージを抱いて中国に着いた私はその差に驚いた。当時の中国は繊維などの軽工業に続く第二次投資ブームに沸いており、自動車が走る道の両脇には続々と高層ビルが建設されていた。その一方で、道路を歩けば穴だらけ、空気も汚れている。建設作業員が道に溢れんばかりになっている光景は街と人のエネルギーに満ちており、圧倒された。

「働くなら、この国だ」

それはもう、直感としか言いようのないものだった。いまだにそう感じた理由を上手に説明することはできない。でも、その確信を得るにあたっては、それまでアメリカをはじめとした多くの国を自分の眼で見て、それぞれの空気を感じていたことが大きかったように思う。

「答えのない世界」に飛び込む

自分のそうした経験から、「今の状況に満足していない」と言う人には、「じゃあ、まず海外に行ってみては？」とアドバイスすることが多い。

でも、私がそう言うと、相手からは「中国に行ったらその経験をどう活かすんですか？」「帰国後に安定したキャリアを築くには？」といった質問が返ってくる。

しかし、考えてみてほしい。私たちが生きているのは「答えのない世界」だ。

だから、「確実なキャリアを築く方法」に対する答えもない。そもそもない「答え」

を求めて右往左往するよりも、「答えはない」と頭を切り替えて、目の前の世界を楽しむほうがいい。少なくとも私はそう考えている。そして「答えのない世界を楽しむ」ために、今のアジアは絶好のフィールドだと思っている。

未知の場所に飛び込み、自分の体全体で「何か」をつかみとる。そこで得た感覚は、音楽や映画に対して「なんだかわからないけれど無性に惹かれる」、そうした感情と似ている。そして、この「何か」は、現地の土を踏み、街の空気を感じ、人と触れ合わない限り、手に入れることはできない。そう、インターネットや本からでは、決して得ることのできないものなのだ。

アジアを起点に世界へ出る

いまや、海外で働くことはそう特別なことではなくなりつつある。

遠くない将来、会社から「転勤先は大阪・上海・シンガポールのうち、どこが希望ですか?」という選択肢が提示されるようになるだろう。本社機能の一部をシンガポールや中国に移したり、第二本社をアジアに設立したりする企業も増えている。日本企業に入社したと思っていたのに第二本社のシンガポールで働くことになった、といったケースも当たり前になるだろう。

これまで、私が周囲の人に自分の仕事を紹介すると、「なるほど、九門さんは中国がお好きなんですね」と言われることがよくあった。海外の特定の地域と関係した仕事をしているのは「その国がとてつもなく好きだから」「何かしらの強い縁があったから」と思われることが多かったのだ。

だが、こうした見方も既に過去のものとなりつつあるように思う。

私は、自分と関わりの深い国である中国やインドはもちろん好きだが、かといって「ずっとここで働きたい」「ここに骨を埋めよう」と考えているわけではない。キャリアの節目ごとに、世界中の「自分にとって面白い場所」で働ける自分でありたいし、生まれ故郷である日本は、いつでもひとつの拠点としておきたい。

日本・中国・シンガポール・インドなどいくつかの拠点を持ち、そこからさらに先の世界へ自分のフィールドを広げていく、そんな働き方のイメージを持っている。これからは、地理的に近いアジアをスタートに世界にフィールドを広げる、そうしたキャリアプランを描く人も増えてくるだろう。

「今の自分」の価値に気づく

「今の私では、海外でなんてとうてい通用しませんよ」
私が話をすると、そんな風に答える人もいる。

私自身も「海外に行くなら、自分を変えなければ」と長らく思い続けていた。小さな頃から感受性の強かった私は「自分はどこか人と違うのではないか」と悩み、とにかく人の目を気にする子どもだった。両親に認めてもらいたいという思いが強く、勉強を頑張って「いい子」でいようとした。だが、いくら頑張ってみても、「今の自分ではダメだ」という思いにとらわれていた。

「まだ何か足りない。もっと何かを身に付けなければ……」

「英語が話せるようになれば」「いい大学に入れば」「有名企業に入れば」……、きっとそうすれば自分を認めることができるはず……。そう期待していたが、結局、何をしてもなかなか自分に自信を持てないままでいた。

日本から離れ、はじめてアメリカに留学したときのことだ。

ふと、それまでにない解放感に浸っている自分に気づいた。日本にいるときのように周りに合わせることを求められず、「いろいろな人がいて当たり前」という価値観を肌で感じた。自分を縛っていた枷《かせ》のようなものが外れたことを感じる瞬間だった。

「今の自分では通用しない」

そう思う人こそ、ぜひ外に出てみてほしい。それまでの「常識の枠」から一歩出れば、「今の自分」が違って見える。自分が自分のままでいいんだと実感すると、それまで気づかなかった能力や強みを見つけることができるはずだ。

価値観の似た人同士が同じ環境で過ごしていると、自分と他者が違って当たり前だということや、自分と世界がつながっている、といった感覚を持ちにくい。海外の多様性ある空間に自分を置くことで、自分の特徴やその活かし方が見えやすくなり、今までの自分の「当たり前」が強みになる。立ち位置を変えることで、新たな自分の可能性を客観的に見ることができるのだ。

この本では、身近な外国であるアジアで働き、活躍するために必要なマインドやスキルについて、私自身とほかの多くの人の事例を挙げてまとめている。でも、いちばん伝えたいことは、「準備は最低限に、まずは行ってみてから学べばいい」ということだ。現地で活躍している人を見ても「とりあえず飛び込んでみた」というケースがなんと多いことか。

人生、どこで何が起こるかわからない。
それを「リスク」ではなく、「チャンス」として楽しんでみる。そんな感覚でアジアに踏み出してほしい。本書が皆さんなりの一歩の助けとなれば、とてもうれしく思う。

二〇一二年七月　九門　崇

contents

015

序章

アジアを薦める3つの理由

私は大学卒業後、二〇代のときにアメリカのミシガン大学大学院に留学し、その後は中国・北京の北京語言学院（現・北京語言大学）で中国語を学んだ。日本の政府系機関に勤めながら北京の清華大学に派遣されて経営学と中国語を学んだあと、中国やアジア新興国の経済・ビジネスに関する調査をした。そして、今は独立してアジアで活躍できるグローバル人材育成のプラットフォームを構築すべく、企業研修や講演活動をしている。こうしたキャリアの中で、長く中国を中心にアジアのビジネス状況を見てきた（アジアと一口に言ってもさまざまな定義があるが、この本では東アジア・東南アジア・南アジアを含む地域とし、いわゆる中東などの地域は含まないこととする）。

私が「アジアに出よう」という話をすると、「確かに日本経済は沈む一方ですから、成長するアジアで稼がなければ」「若者は危機感を持って海外に出ないといけませんよね」といった反応をする人がいる。これらの発想が間違っているとは言わないが、私がアジアで働くことを薦めるのはそうした悲観的な理由からではなく、単純に「今、働く場所としてもっとも面白い」と思っているからだ。

なぜ、今アジアなのか。改めてその理由を整理してみよう。

(1)ビジネスチャンスが急増する市場

ひとつは、シンプルな話で、「アジアにはビジネスチャンスが多い」ためだ。

日本のアジアへの直接投資額(国際収支ベース・フロー)は二〇〇一年に七七億九七〇〇万ドルだったが、二〇一一年には三九四億九一〇〇万ドルと五倍以上に増えた。※また、進出企業数で見ても、欧米への進出企業が減少または横ばいの傾向に対して、アジアに進出している日本の企業数は、一九九七年の六二三一社から二〇〇七年には九九六七社と約六割増になっている(次ページ、図①参照)。

市場が成長している場所で仕事をするのは楽しい。

日本の大手メーカーに勤める私の知人は「日本国内の事業は『どう傷口を広げずに撤退するか』という、うしろ向きな話ばかりだ」とぼやく。こうした縮小の流れは他業界にも共通するものだろう。

一方で、一歩アジアに出れば「アジア最大のショッピングモールをつくりたい」といった「大きな話」がごろごろ転がっている。

ベトナムで日本企業・ベトナム企業向けに人材育成事業を行う八谷賢次さんは「人材

※ ジェトロ調べ。元データは「国際収支状況」(財務省)、「外国為替相場」(日本銀行)など。

図①／北米・アジア・欧州・中南米における日本企業の現地法人数の推移

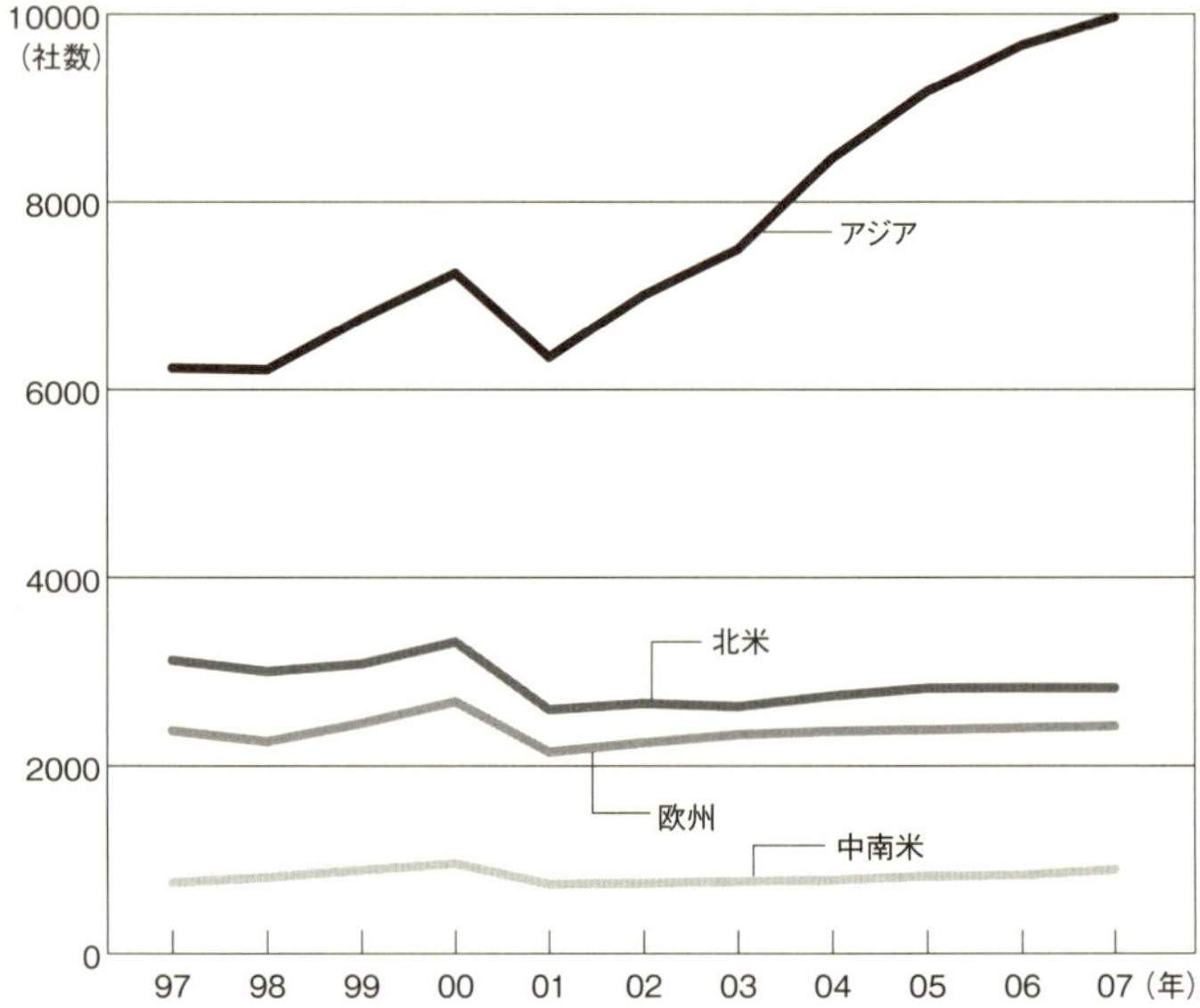

出所：経済産業省「通商白書2010」より作成
元データ：経済産業省「海外事業活動基本調査」

育成の市場自体をつくりながら拡大させている実感があり、顧客と一緒に成長する喜びを感じる」と言う。ほかのアジアで働いている人に話を聞いても「新たなビジネスや事業をつくる喜びを感じる機会が多い」と答えるケースが多い。

「アジアでは、組織で働くよりも起業したほうが断然面白い」と語る日本人も多い。日本においては「起業は大変なこと」というイメージがあり、海外でのそれはさらにハードルが高そうに思える。

だが、先にも述べたように、中国・ベトナム・インドなど、アジア新興国市場の成長は著しい。つまりは日本や欧米などの成熟市場と比べて参入可能な部分が多く、ニッチビジネスも展開しやすい。

たとえば、美容・教育・飲食などのサービスはどれも市場として発展の途上にある。日本で教育産業と言えば、何十年も前から塾や予備校、能力開発などさまざまな業種が登場し、さらに少子化が進む昨今にあって市場は成熟し切っている。ベンチャーが参入しようとしても、よほどエッジの効いたサービスでなければ生き残りは難しいだろう。

だが、アジアでは、ベネッセコーポレーションや公文式の日本公文教育研究会などの大手企業が進出をはじめたものの、幼児教育や語学教育などにおける競合はまだ少なく、サービス水準もさほど高くはない。中国で幼児教育事業をはじめた二〇代の日本人起業家は、「中国の幼児教育は市場が生まれてまだ五年程度。日本に比べれば圧倒的に参入しやすい」と言う。

マザーハウス社は二〇〇六年に山口絵理子代表が二四歳で創業した。同社はバングラデシュやネパールでつくったバッグ・洋服を販売することで、現地の雇用創出や人材育成を目指している。これまで製品の販売拠点は日本だけだったが、二〇一一年には台湾法人を立ち上げ、販路の拡大を開始した。社会起業や社会的な事業への関心が高まりはじめている台湾ではこうした製品へのニーズが見込める、というのがその理由だ。

この台湾法人の立ち上げ責任者となったのが、二七歳の迫俊亮さんだ。

二〇一一年の現地法人立ち上げ当時、台湾に乗り込んだ迫さんは、事業コストを最小限にしようと友人の紹介でルームシェアをして生活した。実際にマンションを借りた場合の経費との差額によって現地スタッフを半年間雇用できる資金ができたという。販売店舗として台湾市街に路面店の六畳ほどのスペースを間借りすることからはじめ、徐々に売上の実績を積み上げることで、二〇一二年三月、法人設立から一〇ヵ月という速さで台湾の最高級デパート「太平洋ＳＯＧＯ忠孝店」に直営店をオープンすることが決まった。若くても海外の企業でも、実績を出せばすぐに評価される。こうしたスピード感はアジアならではのものだろう。

(2)グローバルキャリアの起点となる

アジアで働く魅力の二つめは、グローバルキャリアの起点となることだ。

「海外で働くことに興味はありますが、いきなりアフリカ、というのはちょっとハードルが高くて……」

こう言うのはサービス業で働く二〇代後半の男性だ。私個人としては、「アフリカでも南米でも興味があるなら行ってみればいいのに」と思うが、彼の言う感覚もわからなくもない。最初の海外勤務地がアフリカでは、文化的違いも物理的距離も想像の埒外にあるかもしれない。そうした場合、文化的にも地理的にも身近なアジアで働いてからその後のキャリアを考える、というのはグローバルキャリアを築く上での現実的な手段のひとつだ。

日本人が海外で働く場合、最初は日本や日本企業と関連した仕事をするケースが多い。

具体的には、日本の製品・サービスを海外に輸出する、海外製品を日本へ輸入する、日本企業の海外進出や海外企業の日本進出のサポートをする、といったことだ。

そうした仕事においては、日本との物理的距離が大きなポイントとなる。距離的に近いアジアでは出張や電話・テレビ会議などに対応しやすい。中国やシンガポールとの時差は一時間、インドでも三・五時間であり、アメリカの一二〜一六時間とは大きな違いがある。私がかつてアメリカの事務所とひんぱんにやりとりをしていた際には、直接のコミュニケーションが必要になると二三時頃まで残業して、現地で朝に出勤してきた担当者をつかまえて話をしていた。これが中国であれば、ほぼ時差を考えずリアルタイムでやりとりができる。さらに、羽田空港の国際化でアジア便が増設され、低価格キャリア（LCC）も飛ぶようになり、アジアは物理的にも費用的にも行き来しやすい場所となった。

アジアで働く人たちの中には、次のキャリアとしてさらに外へ目を向ける人が多い。

「今は中国で働いているが、今後はバングラデシュ、さらには南米で働くことを視野に入れている」（建設事業）

「今はシンガポールで働いているが、今後は欧米に留学し、その後グローバル企業で働

きたい」（ＩＴ業界）

「今はベトナムで仕事をしているが、将来的に中東・アフリカに渡って日本の品質管理や経営管理手法を浸透させる仕事をしたい」（人材開発事業）

「バングラデシュで農村への遠隔教育をはじめた。これからルワンダやヨルダンでも展開し、五大陸制覇を目標にしている」（教育事業）

といった声を聞いてきた。だが、こうした人たちも、アジアで働き出したころはそこまで計画していたわけではないことが多い。アジアで視野や考え方を広げ、英語や中国語などの語学を仕事を通じて身に付けたことで、さらにほかのエリアでも自分を試してみたい、と思うようになるのだろう。

西洋的価値観一辺倒だったこれまでからフェーズが変わり、アジア的価値観を世界に発信する場面が増える流れがある。ビジネスにおいても、製品を安く製造するエリアから一歩進み、インドから新しいＢＯＰ市場向け商品が生まれたり、シンガポールが世界の流行発信地になったりする機運がある。今後も新しいイノベーションがアジアから生まれる可能性は高いだろう。

七〇年代・八〇年代にビジネスの中心だった欧米で仕事をした日本人がその後活躍し

たように、これからのビジネスの中心であるアジアで働いたキャリアは、その後のベースとなるはずだ。

(3)日本人の感性・経験が活かせる

アジアで働く魅力の三つめは、日本人が力を発揮できる分野がこれからもっと増える、と考えるからだ。

「日本の旅館のホスピタリティはすごいね。何で私たちのしてほしいことがわかるの？最初はどこかで誰かが見張っているのかと思ったよ」

シンガポール人の友人は、東北の温泉に行ったときの感想をこう笑って話す。

旅館業などの特別な接客の訓練を受けた人でなくても、日本人が日々の仕事の中で当たり前にしている仕事の完成度やプロジェクト管理のスキルが、アジアでは貴重な能力になる。私は、日本人が自然と持つ感性や経験が武器となる場面をあちこちで目にしてきた（詳細は後述）。また、現在、アジアの国々は急激な経済成長を遂げているが、その反動として今後はエネルギー不足や大気・水質汚染、高齢化など、さまざまな環境問題・

社会課題を抱えることになるだろう。社会インフラの整備もこれからが本番だ。日本はこれらに関して一歩先行く経験値を持つ。該当分野の仕事をしている人はもちろん、誰もが生活者としての視点を活かせるはずだ。

インドでは官民パートナーシップ（ＰＰＰ）方式で五六〇のインフラプロジェクトが計画されている。そのうち地下鉄やモノレールの建設プロジェクトが一九ある。インドには人口一〇〇〇万人超の大都市がいくつもあり、そのほとんどに地下鉄が通っていない。地下鉄建設にあたって日本の高度な技術やプロジェクト管理ができる人材が求められているのだ。現地で働くコンサルタント会社の人は「これから、技術者はインドのグローバル企業でキャリアをスタートするとよいのではないか」と話す。

さらに、中国・香港・シンガポール・インドなどでは、近年「ビジネスの手法を使って社会課題を解決する」という「社会的事業」や「社会起業」という考え方が広まりはじめている。この分野においても日本は各種の取り組みで先行している。

実際、アジアの友人と話したり国際会議に出向いたりすると、現地の社会起業家が日本人や日本企業をとても注目していることを感じる。国際的に知名度のある日本人起業家はまだ少ないが、そうした中の一人は「台湾・香港・中国・シンガポールなど、中華圏のどこかでビジネスをはじめると、そこから一気に人脈が開ける」と話す。
一歩を踏み出せば、大きな変化のうねりの中で活躍できる舞台が多く用意されている。
それが今のアジアだ。

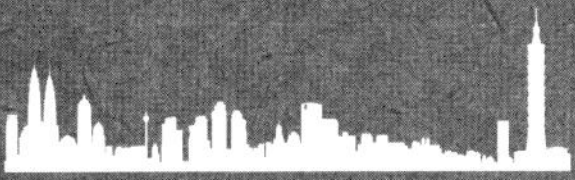

第1章 行く前の準備と気軽な飛び出し方

アジアの中の日本

"We are mobile!"

皆さんはこの言葉を聞いてどう感じるだろうか？

「私たちは、どこにでも動ける＝どこでも生きられる」といったニュアンスのこの言葉は、私がかつて台湾人の女性から聞いた言葉だ。インドの台湾系企業で働く彼女はこれに続けて「パソコン・携帯・インターネットがあり、飛行機も安く便利になったし、もう世界中のどこでも働けるわ」と言った。

彼女がこう言ってから五年が経ち、通信や交通などのハード面はさらに便利になっている。しかし、これまで国内市場が大きくて外に出る理由がなく、さらに地理的にもほかの大陸と地続きにない条件の日本にあって、こうした「どこでも働ける」という自由な感覚を持つ人はまだ少ないように思う。

皆さんがタイやシンガポールに旅行や出張に行く際に「どこに行くの？」と聞かれたらどう答えるだろうか？　いくつかの国を訪問するときには「ちょっとアジアに」と答えるのではないか。新聞を見ていても「アジアの成長を取り込む」などといったように「アジア」という言葉を目にしない日はない。

しかし、改めて考えると日本は地理的にも文化的にもアジアの中にある。にもかかわらず、多くの日本人が「アジアと日本」を無意識に分けて考えている。

私が「自分の中のアジア」を意識したのは、大学四年生でボストン大学に留学したときのことだ。大学には「留学生オフィス」という新入留学生のオリエンテーションやイベントを企画実行し、留学生の大学生活をサポートするオフィスがあった。私は大学に早く馴染もうと、このオフィスのボランティアスタッフに立候補した。

このときの応募書類の中に面白い質問があった。

「自分を動物やモノなどの何かにたとえるとしたら何ですか？　またその理由は？」というものだ。

私は悩んだ末、そこに「Ｒｉｃｅ（コメ）」と書いた。その後の面接で、その記述を見た面接官は大笑い。「なぜ、Ｒｉｃｅなんだ？」と聞かれて、私は「自分のアイデンティティは日本人であり、アジア人である。アジア人の食生活と米は切っても切り離せないくらい密接なものだから」と答えると、相手は「なるほど」と興味深そうな表情をした。しばらく経つと、合格通知が届いていた。

そのボランティアのグループは国際色豊かで、アメリカ・ヨーロッパ・中南米・中東・アジアなど約三〇ヵ国のメンバーがいた。皆仲がよかったが、特に長い時間を一緒に過ごしたのが台湾・香港・タイ・マレーシアなどのアジア出身のメンバーだった。英語のレベルが同じくらいで話しやすいのと、見た目や習慣などが似ていて親近感があったためだ。

それまでの自分の中のアメリカのイメージはいわゆる欧米人が中心だったが、このボランティア体験がアメリカの多様性を実感し、自分の中の「アジア人」というアイデンティティを明確に認識するきっかけとなった。

戦後、日本は「欧米に追いつけ」と急速な経済成長を成し遂げ、四〇年以上世界第二位の経済大国の座にあった。しかし、二〇一〇年にはGDPで中国に抜かれ、アジア全体に占める日本のGDPの割合を見ても二〇〇〇年には三分の二を占めていたものの、二〇〇九年には三分の一まで低下している。国内経済の冷え込みに伴い、それまで国内中心のビジネスをしていた流通・飲食などのサービス業が日本以外のアジアを大きな市場として考えるようになっている。

このようにアジアにおける日本の経済的ポジションは大きく変化しているが、日本人の意識はその変化にまだ付いていっていない。「日本だけがアジアの中で別格」、無意識にそうした感覚を引きずっていることが多いようにも感じる。

「内向き志向」のウソ

とはいえ、ここ数年、私がアジアを出張や取材で回る際に「新しいタイプ」と感じる日本人に出会うことが増えてきた。

インドでは、自らの希望で日本企業のインド法人に研修にきた二〇代の男性に出会った。私のセミナーに来てくれた二〇代後半の男性はムンバイで起業することになったという報告をくれた。シンガポールでは、日本から転職して現地のＩＴ企業で働く三〇代の男性がいた。中国で起業するために視察をしている、という日本人グループにも会った。彼らからは「これまでの仕事の延長としてアジアに活躍の場を広げよう」という、自然で前向きなマインドを感じた。

メディアなどでは「若者が留学や海外駐在を嫌がる傾向がある、内向きになっている」という論調があるが、これは本当だろうか？

この論拠とされるデータの中で、「日本人海外留学者数の推移」を見てみると、二〇〇九年の留学生数は約五万九九〇〇人、確かに前年比で一〇・三％減少しているが、この数値をバブル期の一九九〇年と比べてみると、実は約二・二倍になっている（図②参照）。しかも、留学生の中心となる二〇代の人口は一九九〇年から二〇一〇年にかけて一六・六％減少している。つまり、「留学適齢の人口あたりの留学生数」という「留学者率」でみると、その率は実に二・七倍になっているのだ。※

※　2009年の20代の総人口については近似値を利用。古市憲寿『絶望の国の幸福な若者たち』（講談社）参照

図②／日本人留学者数の推移

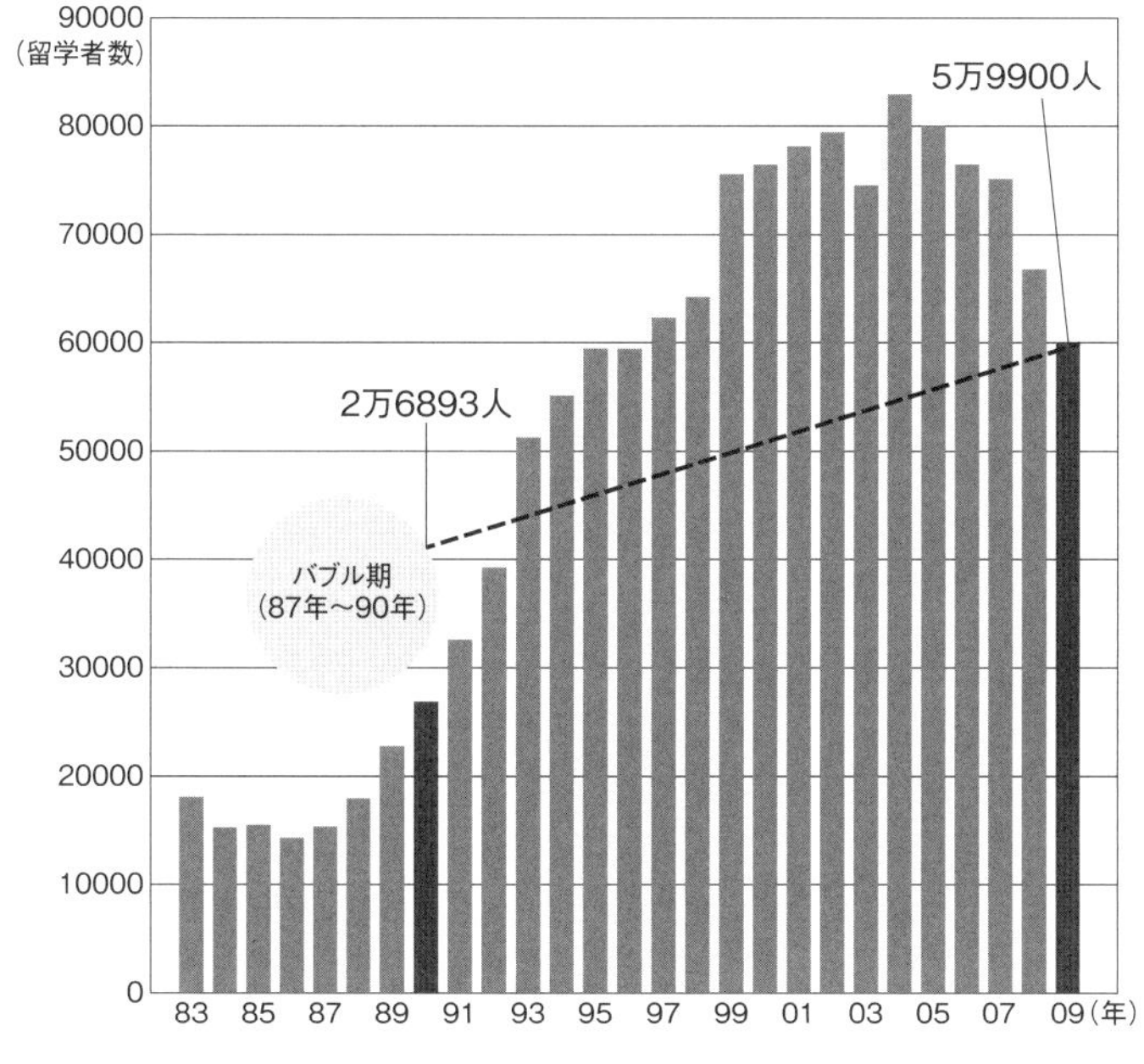

出所：文部科学省『「日本人の海外留学者数」について』より作成
元データ：ユネスコ文化統計年鑑、OECD「Education at a Glance」、IIE「Open Doors」、中国教育部、台湾教育部

「ハングリーさ」とは何か

「日本の若者はハングリーさを失っている」という論調もよく聞くが、私はこれにも同意していない。

就職・転職情報サービス業のマイナビが実施した「二〇一三年卒マイナビ大学生就職意識調査」によると、学生の就職観についての設問に対して、「人のためになる仕事をしたい」という項目に対して「はい」と答えた人の率は、二〇〇九年の卒業予定者では一一・三％だったのに対し、二〇一三年の卒業予定者では一九・二％と、四年連続で増加している。

若い世代は「ハングリーさを失った」のではなく、価値観が変わったのだろう。一世代前が考える「モノ・お金・昇進」など、これまでハングリーさの象徴とされてきたものを求める傾向が減る一方で、「世の中を変えたい」「社会に影響を与えたい」という欲求を持つ若者が増えている。経済的に成熟する中で「ハングリーである」ことの定義が移り変わるのも至極当然だろう。

二〇一二年の年初に日本経済新聞で連載された特集に「C世代駆ける」というものがあった。ここでは、「コンピューター（Computer）を傍らに育ち、ネットで知人とつながり（Connected）、コミュニティー（Community）を重視する、変化（Change）をいとわず、自分流を編み出す（Create）」という特徴を持った二〇〜三〇代の世代を「C世代」と定義し、社会起業家や海外で活躍する若者と彼らの新たな価値観を紹介していた。

このように、メディアの見方も変化しつつある。

日本人の「当たり前」を強みにする

日本人は内向きではないし、ハングリーさもある。そう確認したところで、世界に出たときに通用する「日本人の強み」について考えてみたい。

もちろん、日本人と一言でくくっても、多種多様な人がいることは承知している。だが、あちこちの国において働く日本人を見る中で、日本で生まれ育ち、日本企業で働いた経験があることで一定の共通した特性が生まれ、かつそれを上手に利用することで海外で活躍しやすくなる、という事例を見てきた。同質性の強い日本の社会にいるとその特性は埋もれてしまったり、ときに弱みにとらえられていることもある。しかし、海外に出て異質な人と働く際には、これを強みとしてとらえて意識的に使うほうがよい。

(1)約束を守り、丁寧に仕事をする

そうした日本人の強みのひとつが「約束を守り、丁寧に仕事をする」ことだ。「え、そんなこと?」と思われるだろうが、相手ときちんと連絡を取り合う、期日や契約を守るなどのことが世界的に見れば貴重なスキルとなる。

日本人のNさんは、アメリカの大学院を卒業後、ユニセフ(国連児童基金)に入り、アフリカで三年、アジアで四年働いたキャリアを持つ。その後アジア開発銀行に転職し、現在はフィリピンの本部でアジアの地域統合や南南協力の戦略を立案する部署で働いている。

Nさんは「欧州やオーストラリアの企業に仕事を依頼すると、メールに返事がなかったり、顧客である私たちの要望を無視して仕事を進めていたり、ということがよくある」と言う。「その点、日本企業の日本人はメールにはすぐに返事がくるし、やり取りは丁寧。納期などの約束もきちんと守られるので信頼している」と話す。

これは社会的規範とも関係しているだろう。日本への出張の機会が多いインド人経営者は「日本ではいつも駅や道路がきれいに保たれている。一般の人がそうした規範を持っていることが素晴らしい。インドでは考えられないことだ」と話す。

東日本大震災の際に電車待ちの人が階段に溢れるように座り込む中でも階段の真ん中を空けて人が通れるようにしている状況が、海外メディアから驚きをもって報道されたことも記憶に新しい。

(2)「想定力」を使って仕事をする

日本人の強みの二つめは「『想定力』を使って仕事をする」ことだ。「空気を読む」ことが必要とされる日本社会にあっては、これも「当たり前」と思われるだろうが、日本人の持つそれは、世界的に見てかなり高いレベルにある。

たとえば、建設業などの日本人技術者は、プロジェクト管理においてさまざまなトラブルや不測の事態を想定した工程管理をして納期や品質を保つことができるために、アジア各地での大規模プロジェクトで活躍している。ものづくりに限らず、組織内の次年度予算計画やＰＲイベントの運営体制を考えるなどの際にも、この想定力が活きてくるケースは多い。

国連での勤務経験をもつHさんは、「ある時期一緒に仕事をした日本人の部下は、細かい点まで想定した工程表やTO DOリストをつくり、いつもきっちりと仕事をしてくれた。その部下のおかげで仕事はスムーズだったし、私以外の外国人上司からもその働きぶりは高く評価されていた」と振り返る。

「そんな風に丁寧に仕事をしているだけでは、海外のビジネスのスピードについていけないのでは?」という見方もあるかもしれない。もちろん、スピードが大事な局面もあるが、どの国のどんな仕事の中にもきめ細かい配慮が活きる場面は必ずあるものだ。

中国に現地法人を持つ企業で働く私の知人は、中国への出張前に現地スタッフとチャットで打ち合わせをしていた。「来週そちらへ行くんだけれど、僕が作業用に借りられるスペースはあるかな?」と聞いたところ、現地の中国人スタッフからは「ありませんね」と一言。困った彼が現地の日本人スタッフに相談すると、「ああ、その日ならAさんが日本に行っているので彼女の席を使えばいいはず。言っておきますね」と対応してくれて助かった、と言う。

また、別の外資系金融機関では、事務を担当していた日本人女性がアメリカ人上司の名刺を整理する際に専用のボックスを使ってA～Z順に整理したところ、これが高く評価されて専属秘書になった、という話もある。

どれも「え？　そんなこと？」と感じるかもしれないが、周囲の人が重きを置いていないことをしっかり実践するだけでひとつの強みになる、という例だ。

北京の設計事務所で働くKさんは、中国政府の巨大公共プロジェクト案件の設計を手がけている。同事務所で働くスタッフ二五名のうち一〇名が日本人だ。中国人の社長が日本に留学した経験から日本人の設計作業の質を評価していることと、設計チームに日本人が入ることで顧客の信頼度が増すことから、こうしたメンバーになっているそうだ。

(3) 全体最適に導くバランス力

日本人の強みの三つめは「全体最適に導くバランス力」だ。要は、会議の場などで個人の意見だけでなく全体のことを考えて意思決定するという、誰もが日常的にやっていることだ。日本においてこうした意思決定のスタイルは当たり前のものであり、これが過ぎると「玉虫色の決着」などと呼ばれて批判されることも多い。だが、共通の問題意識と行動力を持つ人たちの集まった場では、この手法によって変革に向けた大きな力を生み出せることがある。

二〇〇九年の夏、私は中国で行われたグローバル研修に参加した。

その研修は香港のシンクタンクが主催したもので、中国・シンガポール・インドなど、アジア九ヵ国から二〇代後半~四〇代前半の若手リーダーを集め、二週間のあいだ一緒にテーマに沿ったプロジェクトを立案することを通じてグローバル人材の育成を図る、というのが目的だった。

その回のテーマは「中国における有機農業プロジェクト」。実際に市場調査を行い、事業計画を立て、会議の終わりには中国の地方政府の役人や関連団体に対してプレゼンテーションを行う。事業計画は投資家にも送られ、出資者が出れば実際にビジネスとして実施される。その後の研修では「ベトナムで手洗いの習慣を広める公衆衛生プロジェクト」がユニリーバの投資によって実行された、というケースもあった。

研修も後半に差し掛かった九日目のことだ。

時計は午前○時を指していた。会議開始から既に三時間が経過し、参加者には疲労の色が濃い。淀んだ空気の会議室で議長役の私は途方に暮れていた。タイムスケジュール上ではとっくにまとまっているべき結論がまったく出そうにないのだ。

この会議の議題は「有機農業で何を栽培するかを決める」という重要なものだった。候補に挙がったのは「コットン（綿花）」「アスパラガス」「果物」。市場性を基に何を栽培するかを決定しなければならない。私は自分なりの考えを持ってはいたが、まずはマーケティング・人事・財務など、それぞれの役割別チームに分かれた参加者に意見を聞くことにした。

ここまでの九日間で、参加者がひと癖も二癖もあるメンバーだということはわかっていた。このときも、皆は「待っていました」とばかりに持論を述べはじめた。

インド人のモティが率いるマーケティングチームは「コットンを栽培すべきだ」と主張した。コットンの市場性の高さや野菜よりも保存が利く、というのがその理由だ。それに対し、投資銀行勤務のシンガポール人・ジンが率いる財務チームと、いつもパソコンゲームをしているくせにここぞというときは一歩も譲らない中国人のジェフが率いる人事チームは「コットン・アスパラガス・果物の三つを混合して栽培する」という案を出した。こちらは高い利益率と通年でスタッフの仕事を確保できる、という点がアピールポイントだ。

確かにこの混合栽培案は理想だったが、実際のプロジェクトまで落とし込む今回のケースにおいては、現実と折り合いをつけることも重要だった。三つを選べばそれぞれの市場について調査しなければならない。現在の人員と残された日数でそれを終え、最終日までに事業計画をまとめることは不可能に近い。その点をどう考えるかがポイントだった。

どのチームも一歩も引かず、持ち時間を完全に無視して主張を続ける。

そこで、私はこう発言した。

「三つをつくる混合栽培案は理想だが、皆が知っているように私たちに残された時間はあと四日しかない。まずはデータが揃って市場性も見えたコットンから栽培をはじめて、余裕があればアスパラガスと果物を検討する、という計画はどうだろう？」

コットンを強く推していたモティは「それがいい！」と同意し、ジンやジェフも「そう言われてみれば、そういう案もあるな」「現実的に考えたらそれがいい」と態度を軟化させ、会議の雰囲気は大きく変わった。

結局、この第三案が全員一致で採択され、会議はようやくお開きとなった。

帰り際、同じチームのシンガポール人のジェシカが「タカシ、ありがとう。今日は久しぶりにゆっくり眠れるわ」とねぎらってくれた。さらに、研修の主催者からも「タカシ、今日の進行は素晴らしかった」とおほめの言葉を頂いた。

この会議における私のファシリテーションが評価された理由には、日本人的な「場回しの技術」が役立っていたように思う。

アメリカにいたときから感じていたことだが、自信満々に主張し、論理的に相手を説き伏せられる人が本当に物事を動かすリーダーになれるわけではない。特にアメリカ人・インド人・中国人など「自己主張しなければ負け」といった文化で育った人が参加する会議の場では、それぞれが「主張のための主張」を展開した結果、時間がなくなって決めるべきことが決められない、という場面によく遭遇した。一度掲げた主張を絶対に崩そうとせずにまくしたてる人の中にあっては、英語が流暢に話せない人や内気な人はまともに発言すらできない雰囲気になってしまう。

こうしたそれまでの経験から、私は今回の会議では、全体の進行や時間管理を頭に置きつつ、常にメンバーに「チーム全体として達成すべきことは何か」という視点を思い出させることを意識した。今回の場合の「達成すべきこと」は「残り時間で事業計画を完成させること」だ。各グループの意見を聞きつつも皆にこのチームの達成目標を意識するよう働きかけたことで、理想と現実を擦り合わせ、全体を見据えた議論をすることができたのだろう。

私が感じたことは、ほかの日本人も経験しているようだ。

リーバイス米国本社やナイキのアジア太平洋地域人事部門でグローバル組織開発に関わった増田弥生さんは、著書『リーダーは自然体』（増田弥生・金井壽宏、光文社新書）の中で「日本人自身が日本人の悪いところだと言う『玉虫色の決着を好む』キャラクターによって、会議のすべての参加者に『自分は間違っていない』と感じてもらえ、あらゆる意見を引き出せていたようでした」と述べている。

グローバルな場では、さまざまな意見を持つ人達と一緒に働くのが当然だ。だからこそ、同僚やクライアントの意見を聞いて理解しつつ、全体にとっての最適解を導くことが必要になる。グローバル研修での議長役はそのことを体感させてくれた。

強みを上手に発信する

ここまで、日本人の特性を強みにすることについて述べてきた。いずれも日本人にとっては「当たり前」のことであり、なかなかその価値を実感しにくいものだと思う。だが、一度海外で生活すれば、そうした日本にいては気づかない強みを発見できるはずだ。そして、それに気づいたら上手に発信する能力を高めてほしい。

前項では仕事を丁寧にすることで評価された日本人の例を紹介したが、こうした場合、直属の上司にはその人の仕事ぶりがわかっても、ほかの上司や同僚からは見えにくい。日本人は自分を売り込むことをよしとしない人が多いので、海外で働くときには社内で「あの人は何をしているのかよくわからない」といった評価を受けがちだ。

中国でビジネスをしているある日本人経営者は、「中国では日本にいるときの一〇倍は自己アピールや売り込みをする必要がある。そうしないと仕事が来なくなる。それがうまくできないのであれば自分を上手に売り込んでくれる人を周りに置くべきだ」と言う。

せっかくよい特性や素晴らしい技術をもっていても、それを発信しなければ誰からも理解されない。直接的な売り込みが必ずしも功を奏するとは限らないが、公的な会議で率先して発言するなど、存在感を高める方法はいろいろあるだろう。

リーダーが集まる国際会議やカンファレンスの場に行くと、残念ながら日本人の姿が非常に少ない。世界やアジアの現状を把握し、英語でメッセージを発信できる人材の層が非常に薄いのだ。結局、アジアでのオピニオンリーダーは香港・シンガポールを含む中華系の人、インド人、アジアで働く欧米人などに集中してしまう。


そういう私も自己アピールはあまり得意ではない。だが、発信力の必要性をあちこちで痛感したことから、ウェブ上でコラムを書くことを続けてきた。

私が以前の勤務先であるジェトロのウェブ上で二年近く連載したコラム「中国ビジネス三・〇の時代」には英訳版がある。この英訳版の効果は大きく、イスラエルの市場調査会社から「アジア展開のパートナーにならないか」という要望が来たかと思えば、インドのコンサルティング会社から「業務提携を検討したい」という問い合わせも寄せられた。「アジアにおける高齢化」をテーマにコラムを書いたときには、インドで高齢者を対象に活動を行なうＮＰＯから「現地に取材に来ないか」という誘いをもらうなど、海外のビジネスパーソンの情報感度の高さと積極性を体感した。

連載を重ねるうちに書き手である私個人の名前も認知されるようになり、個人のフェイスブック経由でメッセージが入ることも増えた。フェイスブックなどのSNSやブログ記事を英訳しておくだけで思わぬつながりが生まれる。一手間はかかるが皆さんにもぜひお薦めしたい方法だ。

気軽に行けるこんな方法

三ヵ月に一度は訪れる

いずれはアジアで働こうと思ったら、三ヵ月に一度くらいは現地に行くことが理想的だ。私も出張でアジアに行くたびにビジネスのスピードや自分の語学力不足を痛感し、危機感をもって帰国する。しかし、その後二ヵ月もするとその危機感は薄らいでしまう。だから、このタイミングで再度現地を訪れ、勉強や研鑽のモチベーションを高めるようにしている。また、ビジネスについて考える場合でも、一ヵ月程度で街の風景すら変わる国が多いため、やはり三ヵ月に一度の間隔で訪れることをお薦めしたい。

通常の観光でもいいが、留学や就業を体験できるインターンシッププログラムなどであればさらに学びが多いだろう。一週間程度で行けるアジアの視察ツアーや短期留学など、社会人であっても利用できるものが増えてきた（**具体的な情報は二〇八ページからの巻末資料参照**）。

視察ツアーを組む

一人ではどうも腰が重いという人は、アジアに興味がある人同士で集い、そのメンバーで視察ツアーを企画するという方法もよいだろう。仲間がいれば旅が楽しくなるし、ビジネスのアイデアも膨らむ。

私の知人で中国での起業を考える二〇代後半と三〇代前半の二人も、一緒に上海を視察に行っていた。ビジネスの詳細までは決まっていない状態だが、大きな構想を練りながら街を歩き、食事をして人と会うことで、観光目的の旅行では目に入らないものがいろいろ見えてきた、と言う。

ショッピングモールでブランド品に群がる人々を見れば中流層の台頭を実感し、携帯で話す声の大きさやチケット売り場の混雑ぶりに日本とのマナーの差を感じる。こうして五感で市場を感じることがビジネスには欠かせない。

さらに、こうした視察ツアーをしたあとには、ほかの仲間も集めて報告会をするとよいだろう。「中国では行列に並ばないのは当たり前なのか」「商品を値切るためには何をするのか」「いちばん人気のあるブランドは何だったたか」といった、それぞれが見聞きし、感じたことをもう一度語り直す。この作業でストーリーが再構築され、自分と仲間の記憶の断片がつながり、整理される。

インターン制度を利用

もっと現実に働くことを体感したいのであれば、短期のインターンを募集している企業や団体を探すこともひとつの手だ。

ＮＰＯのコペルニクは、開発途上国のＮＰＯ・技術を持つ企業・一般の個人を結びつけ、新たな事業を生み出すオンライン・マーケットプレースを運営している。コペルニクには実施プロジェクトの効果測定をする「コペルニクフェロー」というインターン制度がある。フェローは現場に派遣されて関係者にインタビューする、というのが主な業務内容だ。

コペルニクの中村俊裕代表は、「以前、日本人の大学院生をフェローとして採用し、西ケニアの農村部で半年間活動をしてもらった。最初は自信のなさそうな様子だった彼が、地元の家庭に住み込み、インタビューを重ねることでずいぶんと雰囲気が変わった」と語る。アフリカでも場所によってまったく生活レベルが異なることを体感したそのフェローは、新たなプロジェクトを発案し、その実現のためにフェロー期間が終了してからも現地を訪れているという。

中村さんは「貧困削減プロジェクトを考えているならば、まずは実際に貧困層の人に会って話を聞く。当たり前のことだが、それをせずに頭だけで考えた支援策も多い」と語る。「まずは現場を見る」ことの大切さは、ビジネスであっても共通して言えることだろう。

プロジェクトや研修制度を活用する

今、皆さんが企業に勤めているなら、仕事のプロジェクトや研修制度を利用して海外に出向くのもひとつの方法だろう。

ＩＴコンサルタントの岡秀樹さんは、最初の就職でコンサルティング会社に入社した。その頃から「海外で働きたい」という思いがあり、入社二年目のとき、デトロイトで半年間のプロジェクトがあると聞き、自ら手を挙げて見事選ばれた。当時、岡さんの英語力はＴＯＥＩＣ六〇〇点程度、なんとか会話ができるレベルだったが、臆することなく「自分以外は全員アメリカ人」というチームに入って仕事をした。また、その後も半年間、フィリピンでのプロジェクトに参加するなど積極的に外に出ていた。岡さんはその後独立してフリーのコンサルタントとして働いたあと、アジア展開に力を入れる日本のＩＴ企業の現地採用に応募し、今はシンガポールで活躍している。

今、多くの会社がグローバル人材を育てようとしている。成長が著しいアジアへの出張やプロジェクトなどの機会は多いだろうし、半年〜一年程度の若手向けの海外研修制度を導入する会社も増えてきた。自分のキャリアを見据えてこうした制度も積極的に使うとよいだろう。

日本と相手の国について学ぶ

海外に出るとなったら「まずは英語を」「中国語を」と考える人は多い。もちろん語学力は大事だが、日本にいるあいだにまず準備すべきなのは、自国である日本を知り、次に関心のあるアジアの国について学ぶことだ。

海外で生活したことのある方は同意して頂けると思うが、いったん海外に出ると常にビジネスの相手や友人から日本について聞かれる生活がはじまる。相手に多少なりとも日本に関する知識があれば、日本人であるこちらはさらに深い知識と情報を提供することが期待される。コミュニケーション上の理由だけでなく、ビジネスを考える上でも日本の国の状況を学んでおくことが必要だ。

中国でビジネスをしていたIさんは「海外に出る前に、日本各地をもっと旅しておけばよかった」と反省する。「東京や大阪以外の地方を見ておくことで、日本が持つ根本的な課題、すなわち少子高齢化や産業構造の硬直化といった問題をより強く実感することができたはず」と言う。そういった日本のさまざまな現地情報を知り、地方の人とのつながりを持っておくことがあとから役立つ。地方直結型のビジネスは競合が少ないため、それぞれの地方のニーズをきちんと把握しておくことで、企業誘致や観光客誘致など、新たなビジネスの機会が増えることだろう。

前にも述べたが、日本人が海外で仕事をする場合、母国である日本に関係した仕事をすることが多い。その意味でも日本の現状と今後の方向性を知ることは重要だ。MBA（経営学修士）に代表される一般的なビジネス知識はどこにいても役立つが、反面どこにいても学べるものでもある。それに対して、日本に関する知識は日本にいるときに学ぶのがいちばん効率的だ。

日本の知識に続いて、アジアの歴史や文化の基本を学んでおきたい。ビジネスパートナーと打ち合わせや商談をするのであれば、その国の都市の特徴や主要な工業・産業の地図などは頭に入れておくべきだ。

上海でのビジネス経験がある日本人の知人は、「商談のときに『中国に興味があって、国や地方の歴史を勉強している』と話すと好感を持ってもらえた」と話す。同氏によると、上海の発展の歴史などは上海人でも意外と知らないことが多く、日本人である氏がそうした話をすると非常に興味を持ってもらえた、と言う。中国は広いので、中国全体の歴史はもちろんだが、地方ごとの歴史や成り立ちを学ぶことが役立つようだ。

本書の二〇八ページからの巻末資料では、日本とアジアの文化や歴史を学べる本や実際に訪れるとよい場所などを紹介している。日本を客観的に見て、その精神性・文化・歴史・社会・産業などについて語れるようになり、さらには相手の国について敬意をもって学んでほしい。

コラム　高齢化をビジネスチャンスに

二〇〇七年のことだ。

その年、私は足の靭帯を切ってしまい、しかもそのタイミングでどうしても台湾に出張に行かねばならないことになった。松葉づえをつきながら訪れた台湾の市街では、駅にエレベーターがなくて往生したり、道路の段差で転びそうになったり、猛スピードの車にひかれそうになったりと大変な思いをした。

アジアでは比較的発展しているはずの台湾でもこうした状況だ。これから高齢者が増えたり障害者の社会進出が進んだりする中で、こうしたインフラのままで社会を維持することは難しいだろう。

日本社会は急激に高齢化している。

日本の高齢化率（総人口に占める六五歳以上人口の割合）は世界最高の二三・一％に及ぶ（二〇一一年時点）。アジアエリア全体の高齢化率は五・九％（二〇一〇年時点）だが、少子化が進む韓国やシンガポールでは、日本以上の速度で急激な高齢化が進みつつある。高齢化率が七％から一四％の「高齢社会」まで移行するスピード（＝倍加年数）で見ると、日本の倍加年数が二四年だったのに対し、シンガポールでは一七年、韓国では一八年となっている（次ページ、図③参照）。中国の高齢化進行の速度は日本と同程度だが、人口が日本の約一〇倍ある中国では、六五歳以上の高齢者が二〇一〇年時点で既に約一億一〇〇〇万人存在している。

図③／急速に高齢化する東アジア

倍加年数…老年人口の全人口に占める割合が7%から14%になるのに要する年数

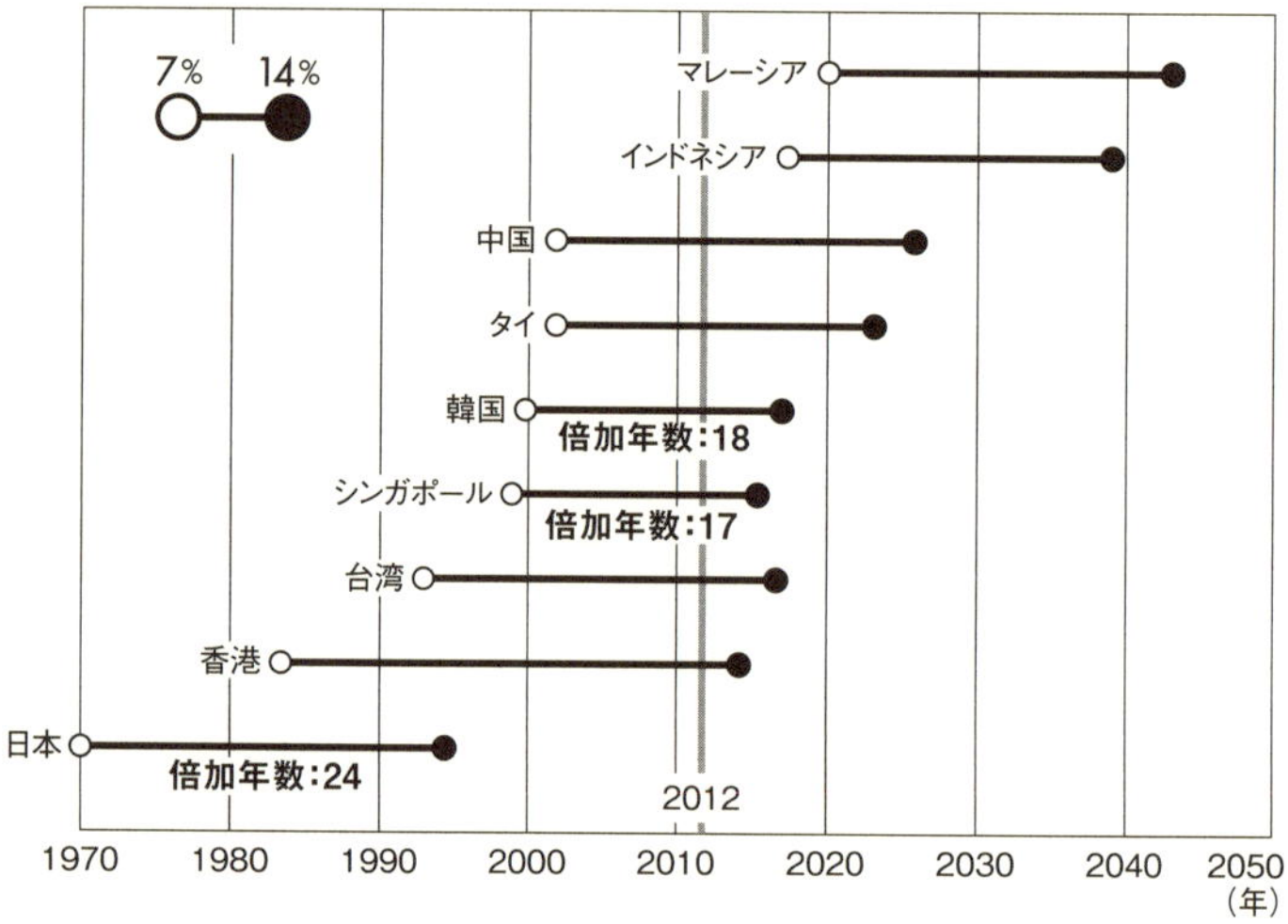

出所：みずほ総研論集2008Ⅳ号　特集「東アジアの持続的発展を巡る諸論点」東アジアにおける高齢化の進展と政策的対応の課題より作成
元データ：United Nations"World Population Prospects:(ver2006)"

私は、二〇一一年にデリーで開催された「アジア21　ヤングリーダーズサミット」という国際会議に日本代表として参加した。この会議の分科会では「アジアの高齢化とその対応」が議題として取り上げられた。

セッションの参加者は「日本滞在を経て中国で働くアメリカ人弁護士」「シンガポールの政府系投資銀行で働くタイ人」「韓国マッキンゼーで働く韓国人コンサルタント」など多様な経歴と人種の優秀なメンバーだった。だが、彼らは一様に「自国に高齢化の波が来る」という実感が薄いようで、準備の必要性も感じていない様子だった。

私が「高齢化問題は早期の啓蒙と準備が大事。日本の企業はこの分野で技術やサービスを提供できる」と述べると、ようやく皆が関心を持ってくれた。アメリカ人の弁護士は「そういえば、日本に滞在していたときは高齢化対応の充実ぶりに驚いた」と話した。ショッピングモールに医療機関が併設され、エスカレーターの速度が調節され、あちこちに座るスペースが設けられている。また、単身や二人世帯が多い高齢者向けに惣菜や菓子などが小分けパックで売られている。「日本はアジアの未来がわかるマーケット」だと言えるだろう。

実際、福祉器具、高齢者向け用品や介護サービスなど、さまざまな分野で日本企業の進出が続いている。セコムグループは現地企業との合弁で高級有料老人ホーム事業を、ニチイケアネットは車いすや歩行器などを現地の医療・福祉関連企業に販売する事業を、それぞれ開始することを発表している。

読者の中には、これからアジアでビジネスを立ち上げようと考えている人もいることだろう。日本の経済成長は止まりつつあるが、これまで日本が経験してきたことは、アジアでビジネスをする際の大きな強みとして活かせる。「課題先進国」の日本が世界に提供できる知恵はまだまだあるはずだ。

第2章 自分を見つめ、ありのままに他者を見る

この章では、アジアの人たちとコミュニケーションをとるときの基本について話したい。とはいっても、私が最初にお伝えしたいのは「言葉」や「話し方」についてではない。そうしたスキルも大事なものだが、それよりも先に考えておくべきことがあるはずだ。私は、世界どこでも共通するコミュニケーションには、三つのポイントがあると思っている。

第一に、「自分が何者かを知る」ことだ。

アジアではさまざまな価値観を持つ人と一緒に仕事をする。そのときいちいち相手の価値観に合わせていては何も成し遂げることができない。一見矛盾するようだが、柔軟に相手と対峙するためには、自分が何たるかを知り、ブレることのない「軸」となるものをつくらねばならない。

第二に、「フィルターを外して他者を理解する」ことだ。

それまでの自分の価値観からすればおかしいと思うことでも、相手の価値観から見れば当然のことかもしれない。知らず知らずのうちに付けてしまう「フィルター」を意識的に外し、自分の「当たり前」を問い直す作業が必要になる。

第三に、「素の自分で他人と交流する」ことだ。

第一と第二のポイントを実践していけば、いろいろなバックグラウンドを持つ人たちと素直に意見を交わすことができるようになってくる。そこから、ビジネスの関係を超えた新しい交流が生まれる。

つまり、いかなる場合も人間としての「在り方（being）」が大切になる、ということだ。どんなスキルを「持っているか（have）」や「何をするか（doing）」は、この「在り方」の上に積み重ねていくものだ。つまり、次章以降でお話しする「マインド」や「スキル」は、この「在り方」が確立していなければ意味をなさない。

アジアの国や土地の空気を感じに「とりあえず行く」ことは大いに薦めたいが、その後本格的に現地でキャリアや人間関係を築くためには、こうした自分の「在り方」を問い直す作業が必要となるだろう。海外で生活すると、自分のそれまでの価値観からあまりに外れた出来事が日常的に起こるために、自然と「自分は何者か」を深く考えざるを得なくなる、という面もある。

そして、実際には、これはどこにいようとも誰であろうとも必要な作業だ。これをあいまいにしたままで現実から逃げるように転職や留学をしても、その経験から得るものは少ない。自分を持たないままに海外に出てきたものの、結局は日本人同士で群れ、同質的なコミュニティに留まるだけの日本人を海外のあちこちで見てきた。本人が満足しているならそれでいいのかもしれないが、読者の皆さんには、そこでしか味わえない経験と気づきを得てほしいと思う。

(1)自分は何者かを知る

「自分は何者かを知る」とはどういうことか。

第1章で紹介した増田弥生さんは著書『リーダーは自然体』の中で、リーダーとしてまず必要なのは「自己理解」と「自己受容」である、という旨のことを述べている。「自己理解」とは、「自分を正確に知る」ということだ。それには、いろいろな角度から自分に問いを投げかけたり、自分の幼少期にさかのぼってどんな子どもだったかを振り返ったりすることが有効だろう。また、自分の家のルーツや両親について知ることも役立つ。「自己受容」とは、職場や家族などの他人から見た自分を知った上で「ありのままの自分」を見つめ、それを受け入れることだ。これができてはじめて「自分は何者か」を理解し、確立したことになる。

答えのない時代に自分の軸を持ち、立場や利害が異なる相手と「素の自分」で対峙し、何か新しいものを生み出していく……。それが、これからの時代の新しいリーダーシップにつながっていく。

個人のストーリーがその人のやっていることとつながると、聞いている人はその人が「やるべきことをやっている」と腹の底から理解することができる。「自分を知っている人」に人は付いてくる。そして、その人を応援し、ともに何かを成し遂げようとするフォロワーが生まれるのだ。

アジアの若手リーダーが集まる「アジア21 ヤングリーダーズサミット」に出席したときのことだ。ここにはアジア三〇カ国から一五〇名の経営者・ビジネスパーソン・政治家・官僚・NPOのトップなど、さまざまな分野の若手リーダーが参加しており、中にはダボス会議の「ヤンググローバルリーダー」に選出された人もいた。

この会議は、会場のつくりが独特だった。

一五〇名の参加者全員が集まる広い会議室の中央にマイクスタンドが設置されている。意見がある人はそこまで行ってマイクをとって発言する。つまり、結婚式のスピーチのように発言者に多大なプレッシャーのかかるつくりなのだ。

私は会議の参加前に「行くからには絶対に発言しよう」と決意していたが、この会場を見たときには一瞬怯んだ。「気持ちが萎える前にとにかく発言しよう」と自分を奮い立たせ、会議初日の午前中、まだ堅い雰囲気の会場で手を挙げた。会場が注視するなかで中央に向かってマイクをとる。極度に緊張しながらも、目の前にいるパキスタン人ジャーナリストと目が合い、少しほっとしてから話し出した。

「私は、アメリカと中国に留学した経験があります。どちらの国でもいつも『タカシの意見は?』と聞かれ続ける日々でした。そこで主張ができなければ気にも留められない。いつも『自分を出さなければ』というプレッシャーがあり、そのままの自分ではいられないような気がしました。それが、日本に帰国してみると、今度は意見を言うと『あいつは生意気だ』と陰口を叩かれるのです。自分を抑えなければならなくなり、またつらい思いをしました。『自分って何なのだろう?』、どの国にいても、この問いが頭から離れませんでした。

こうした経験から、二一世紀のリーダーシップというのは、自分を過度に主張するのでもなければ抑え込むのでもなく、それぞれの人が持つ個性を活かし合える場を創っていくことなのではないか、そう考えるようになったのです」

つかえながらも、そんな内容のことを話した。

ぐったりして席に戻ると、インドネシア出身の華僑の女性が「あなたのスピーチにとても共感したわ」と声をかけてくれた。彼女はインドネシアで育ったあとでオーストラリアに留学し、一〇年以上経ってから母国に戻ってきた。インドネシアで働きはじめると、上司から「そんなにはっきりと意見を言うなんて傲慢だ」と言われて落ち込んだという。私とまったく同じ経験をしたわけで、海を越えた向こうにわかりあえる同志を見つけた気分だった。

「真実の瞬間」セッション

もうひとつ、この会議で印象深かったのが「Moment of Truth（真実の瞬間）」と題したセッションだ。これはリーダーシップに関する自分の意識やキャリアの方向性を強烈に変えた出来事について、「自分を主人公にしたストーリー仕立てで語る」というものだった。

参加者のなかに、三〇代の中国人男性がいた。NPOを経営する彼はセッションで次のようなストーリーを語った。

「中国のある地方に行ったときのことです。一〇代半ばの少女たちが数人の男性に連れ立てられている場面を見ました。彼女たちは工場労働に駆り出されていたのです。非常にショッキングな光景でしたし、何もできない自分に心底憤慨しました。『次にこの現場を見たら絶対に止められる自分になろう』、そう誓ってNPOをはじめたんです」

彼のストーリーは、聞き手である私たちにもその光景が思い浮かぶほど迫力のあるものだった。彼は工場労働者の相談を受けるホットラインを設立し、今では労働者の支援全般に活動を拡大、グローバル企業のCSR部門と連携するなど活動を広げている。

GEの日本人向け研修

リーダー育成に熱心に取り組むことで知られる日本GEには「J‐Leap」という

研修がある。これは、自分の強みや弱みを知った上で、三〜六ヵ月程度のプロジェクトマネジメントを経験させ、一年後に再度自分の強みや弱みをレビューするという、長期に渡る研修だ。対象となるのは役員昇進が視野に入ったトップ層のリーダーで、研修の目的は、「自分の軸」をつくることだという。

プロジェクト実施中には、一ヵ月に一度、人事役員が受講者に対してコーチングを行う。ここでは「意思決定するときに何を最も重視しているか」について掘り下げたり、人によっては「日本の絵や音楽が西洋のものとどう違うか」について話すことで日本人としてのアイデンティティを考え直したり、といったさまざまな角度からのセッションが組まれている。

日本GEで人事部門を統括していた八木洋介取締役は「そもそも、このプログラムは日本人向けに開発したものなのです」と言う。日本人以外のアジア人の場合には「一番になりたい」「もっと上に行きたい」というはっきりしたマインドを持つ人が多い。そのため、同じリーダーシップ研修でも、事業戦略・産業分析・プロジェクトマネジメントなどスキルを中心としたプログラムを行うという。

一方、日本人の場合には「自分を出す強さ」が欠けていることが多い、というのが日本GE社内の課題感としてあった。グローバル企業においては、社内間でもインド法人や中国法人を相手に交渉し、予算を獲得し、主張を通さなければならない場面が多々ある。日本人はそうした議論において負けてしまうことが多かったのだ。

この研修では、自分を振り返り、拠りどころを確認したあとは、自分の見せ方や伝え方を磨いていく。ここでは「自分が社長になったと仮定して就任演説をする」といったセッションもある。「自分を出す」ことを苦手とする日本人にその弱点を克服させるためのプログラムなのだ。

超グローバル企業であるGEで、日本人だけに「自分は何者か」を振り返るアプローチでのリーダー研修が行われていることは興味深い。

「自信グラフ」をつくる

日本GEのような手厚い研修を受けられる人は限られるだろうが、個人向けのコーチングを受けることなどで同様の試みはできるはずだ。さらに手軽な方法としては、自分の「自信グラフ」をつくる、という方法がある（図④参照）。

「自信グラフ」とは、自分の「年齢」を横軸に、そのときの「自信度」を縦軸に置き、人

図④／自信グラフのサンプル

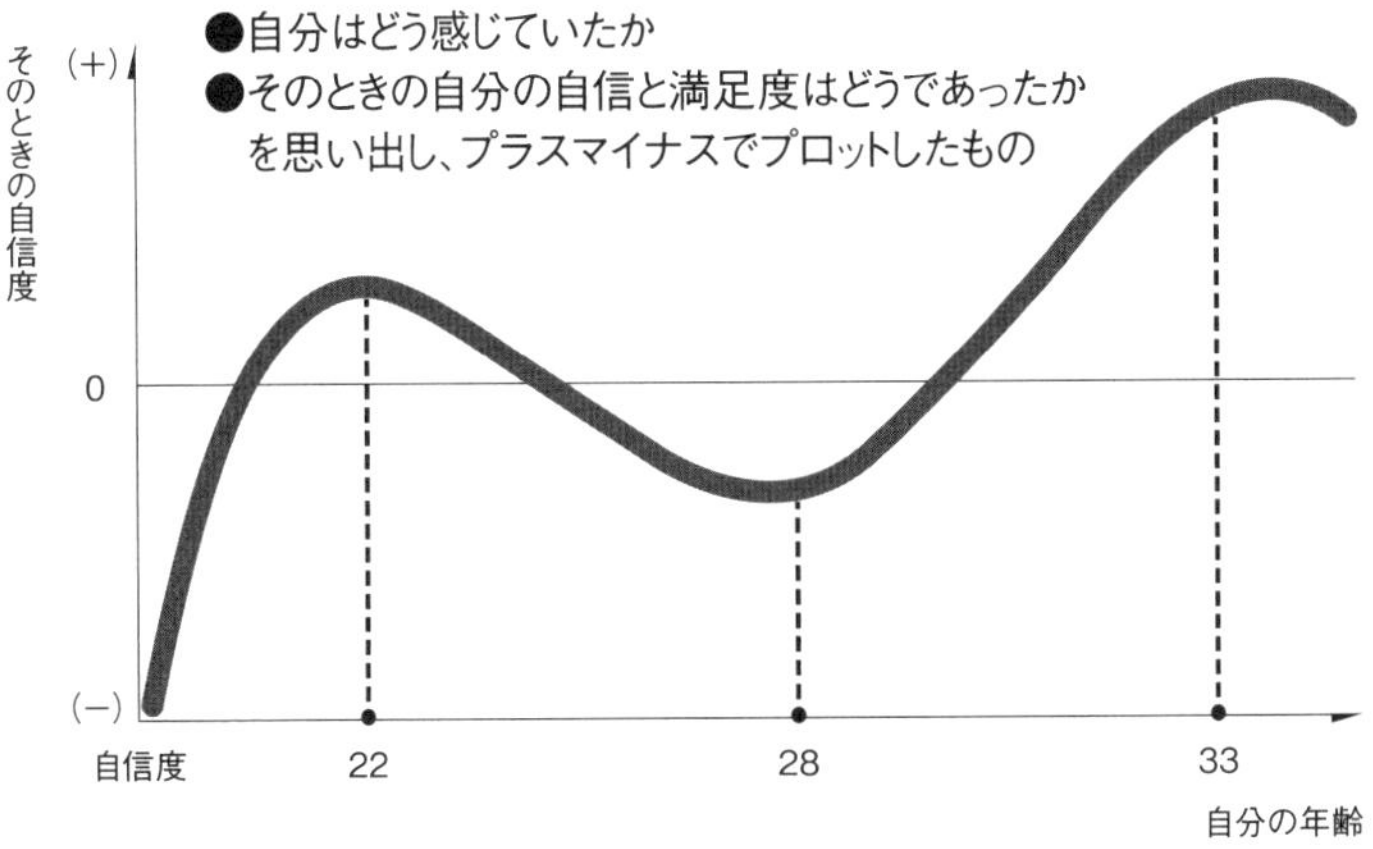

生のポイントになった出来事に対して自分がどう感じたか、そのときの自信はどうだったかを思い返し、プラスとマイナスでプロットしたものだ。

私自身も、これまでの人生において何度も「自信グラフ」を書いてきた。見返してみると、大学に合格したり希望していた仕事に就けたりしたタイミングでも自信度がマイナスになっている。もともとマイナスからはじまっているので多少上昇してもプラスには転じているとは限らないのだ。プラスマイナスそれぞれで「なぜこう感じたのか、そのときに何を学んだのか」と自分の感情と深く向き合うことで内省が深まる。

ここまで「自分は何者か」を考えることやその手法を紹介してきた。

一朝一夕でできることではないが「自分は何者か」、つまりは何を大切にし、何を求め、何のために生きている人間なのかについて、自分の言葉で語れるようになることを目指してほしい。

私の周囲には、大企業を辞めて中国で起業したり、シンガポールに渡ったりなど、大きなキャリアの変化を経てアジアに関わる人がいる。どの人も家族に反対されたり見通しのつかない収入や不安定な立場に悩んだりしながらそれぞれの道に踏み出した。そして、踏み出したあともさまざまな困難と戦っている。それは起業した私も同様だ。

いろいろな壁にぶつかったとき、「自分は何者か」ということと目の前の仕事がつながっていないと、気持ちが折れてしまうだろう。だから、「自分は何者か」という問いは何度でも、自分に投げかけてほしい。あなたは隣の人と違っていて当然だし、その違いである「自分は何者か」ということを活かした道を選びとるべきなのだ。

(2)フィルターを外して他者を理解する

類型好きの日本人

どの国籍の人であれ、一緒に働く際に相手の国・地域の文化や価値観を理解することは大事なことだ。たとえば、中国人は面子を重んじるため、部下に注意をする際に他人の面前ではしないことが基本、といったことは知っておいたほうがいいだろう。また、ここまで述べてきたように、日本語で思考する日本人としてのアイデンティティを確認することも重要だ。しかし、一見これらと矛盾するようだが、もっとも大切なのは国籍や人種に必要以上にとらわれることなく、一人の人間同士として相手に接することだ。

以前、グローバル経営戦略・マネジメントを専門とするハーバード・ビジネス・スクールの吉野洋太郎名誉教授とお話しする機会があった。吉野教授は「我々は、とかく中国人はこうでインド人はこうだ、といったように類型したがる。だが、その類型は本当に普遍性のあるものなのかをよく考えたほうがいい」と話す。

話のなかで吉野教授は「War Story（戦争の話）」というたとえを使った。これは、戦争から帰ってきた軍人が「戦場はこうだった」と、自分が接した一側面だけをもとにあたかも「すべてがこうだ」と論じる傾向がある、という状況を指している。

これは日本人に限らず、すべての人がもつフィルターだろう。だが、日本人の場合は欧米人と比べて多様性の中で過ごした経験が少ない。吉野教授は「日本人が外国人と接する際にカテゴリーに分けて見るのは危険、それよりも一人の個人として接することが必要だ」と強調する。

どの国で生まれ育ったかという属性より、その人の固有の考え方や性格のほうがより大きく重要なものだ、という当たり前のことを確認したい。

一例を挙げると、日本の一〇倍の人口をもつ中国では、書店に「中国人論」的な本はほとんどない。目に付くのは「人の心をどう動かすか」といったスキルを磨くアプローチのビジネス書や自己啓発書ばかりだ。

私の実感としても、上海・北京・広州・四川省などエリアや都市によっても持つ気質は変わるし、文化大革命という大きな出来事を経験した世代とそうでない人、さらに一人っ子政策後に生まれた世代など、複数の要素によって価値観は大きく異なる。

中国人と話をすると、「八〇後（八〇年代生まれ）」などの世代の違いによる分析には多少の関心があるようだが、こうした話題を振ったときのもっとも顕著な反応は「類型や世代論などに興味はない。自分のビジネスやキャリアが成功することが大事だ」というものだ。上海の日本企業で働く中国人のWさんも「周囲の人と話すと集団や世代のことよりもまずは自分。話題はどこでも投資やビジネスに関するものばかりだ」と言う。

「中国人は〜」は通用しない

こう言っている私自身も「まったく〇〇人は」といった決めつけをしてしまうことがよくある。それと同時に、現場に身を置く中でそうした自分のフィルターに気づかされてはっとすることも多い。

中国でビジネスを行う日本企業A社には一〇〇〇名近い社員がいる。そのうち日本人は二名だけでほかは現地採用の中国人だ。社員の英語水準は高く、社内公用語も英語だ。

中国人社員のバックグラウンドは大きく三つのグループに分かれる。ひとつめは外資系企業からの転職組、二つめは海外で留学や就職して中国に戻った帰国組、三つめは中国企業からの転職組や新卒社員である。こうしたバックグラウンドの違いが仕事において摩擦や対立を生むことがよくあり、マネジャーが細かな配慮をすることが欠かせない、という。

また、米国企業の中国法人であるB社は、ある時期から同じグループの日本法人の管轄となった。トップもアメリカ人から日本人に変わり、現場には米国法人時代に採用された社員と日本法人時代に採用された社員が混在することになった。現地社員はほぼ全員が中国人だが、法人ごとの採用方針や経営方針の違いから社員同士に摩擦が生まれ、米国法人時代に採用された社員から退職者が続出する事態になってしまった、という。

どちらもさもありなんという例だが、これだけ見ても「中国人は～」というくくり方がいかに意味をなさないものかが確認できる。

日本のコンサルティング会社で働くIさんは、「私も強固なフィルターがあった」と語る。Iさんの勤める会社は中国に現地法人を持ち、中国人社員と一緒に仕事をしている。あるとき、中国に出張したIさんは中国人のスタッフにあるデータの修正を依頼した。少し経って確認したところ修正がされていなかったので、頼んだスタッフに尋ねると、彼は「それは○○さんの仕事なので彼に依頼しましたから」と別のスタッフの名前を挙げただけだった。Ｉさんは「では、あなたからもう一度確認しておいてくださいね」と念を押し、なんとか修正を間に合わせた。Ｉさんは「中国人は担当以外の仕事はしないんだな、と感じました」と言う。

その後、再度Ｉさんが中国に出張したときのことだ。Ｉさんは現地スタッフの力を借りて持参した資料をプリントしてもらっていた。「仕事を増やしてしまって」と恐縮するＩさんに、前回とは別の中国人スタッフは「もちろんＯＫですよ。両面印刷、白黒・カラーなどはどうしますか？」ときめ細かく聞き出し、すぐに仕上げてくれた。

Ｉさんは「二つの経験を通じて、自分が『中国人は〜』というフィルターを持っていたことに気づかされました」と振り返る。

自分の数少ない経験から、人種や国籍などその人の本質でないところでフィルターを付け、判断を下してしまうことは多い。多様な人と接することはそのフィルターに気づき、外すためのよいきっかけとなるはずだ。

(3) 素の自分で他人と交流する

グローバル化すればするほど、自分を知り、多様な価値観を受け入れることが大切になる。そのためには、素の自分で本音を言い合える関係を築くことが必要だ。

私がこれについて感じたのは、二〇一〇年の秋だった。

この年は中国で労働争議があったり、尖閣諸島を巡る日中間の問題や反日デモなどがあったりなど、日中関係に緊張が走った。私も仕事上の知り合いや友人・知人から、日中関係や中国について聞かれる日々を送っていた。周囲の人に説明しながらも、私は政府の発表やメディアの報道と中国人の友人から聞く内容とに、大きなギャップを感じていた。友人同士の会話であれば、お互いに主張しながらも本音で話し、お互いが理解し合える落としどころを見つけることができる。どんな問題でも「どちらが完全に正しく、どちらが完全に間違っている」というものはほとんど存在しない。お互い主張をぶつけ合うだけの不毛な論争を抜け出し、もっと高い視点で話し合いができないものか。そんな思いが募る日々だった。

翌年のはじめのことだ。ふとしたきっかけから、私は日本人の学生と中国人留学生を集めたワークショップを主催することになった。会場は東京大学、ハーバード・ビジネス・スクールのリサーチセンターに勤める友人と協力して企画を進めた。

「ディベート形式では絶対にうまくいかない」という予感があった私たちは一工夫を施した。以前から交流があった会社に依頼して、アートと対話を組み合わせるアプローチを探ったのだ。その会社は「(1)アーティストの絵を鑑賞する、(2)絵を描く、(3)お互いの絵を鑑賞してフィードバックする」という一連の流れを体感するワークショップを行っており、企業研修などに採用された実績を持っていた。

ワークショップのテーマは「日中関係を描き・語る」とし、午前は自分の想いを描く「EGAKU Workshop」の時間、午後は対話の時間という構成でプログラムを練りあげていった。

ワークショップ当日。

日本人と中国人の参加者は、詳しい自己紹介をしないまま、それぞれが「自分の起源(Origin)」をテーマとした絵を描いた。描き上がった作品をお互いに見て、感想をフィードバックしていく。バックグラウンドや人となりを知らない状態のまま、絵を媒介にしたコミュニケーションを重ねていった。

結果として、絵の力は絶大だった。個性溢れる絵が並び、その絵を紹介する話の中では通常の自己紹介では得られない、深い相互理解が生み出された**（図⑤参照）**。

続く午後の対話の時間となった。最初はぎこちなかったものの、やがて午前中のワークの効果が表れ、どの参加者も自分に紐づいた言葉で話すようになった。

ワークの最後には「自分が日中関係についてできること」を一人ひとりに発言してもらった。中国人の学生からは「中国と日本の違いは、メディアで報道されているものとは異なる。違いと共通するものを若者同士で語り合って共有したい」という意見が出た。「まずは、一人の人間同士としてつながる関係をつくっていきたい」といった声もあちこちから上がった。

あいだに絵を入れることによって、日中関係という難しいテーマであっても、初対面の学生同士が打ち解け、本音で話し合いをすることができた。議題から入るのではなく「個人を理解する」ことから入るアプローチの大切さを実感し、アートなどの非言語的なものが個人を深くつなぐ力を持つことを改めて感じた。

図⑤／ワークショップで描かれた絵

参加者が描いた絵に対して1人ひとりが鑑賞コメントをふせんで付けていく

082

本章の最後に、中国人の友人が教えてくれたことわざを紹介したい。

「蘿卜青菜　各有所愛」

直訳すれば「大根でも青菜でも、それぞれに愛される点がある」となる。つまりは「人の好みはそれぞれだ」という意味だ。

この言葉を教えてくれた友人は、「かつて自分がフランス系企業で働いていたときには『どうして彼らはそんな考え方をするんだ』と思い、よくイライラしていた。でも、今考えてみれば貴重な学びの機会だった」と言う。「だから『蘿卜青菜　各有所愛』。これは、自国の文化に固執せずに違いを受け入れ、オープンマインドになることが大事、という教えだと理解している」と続ける。

相手のことを知ろうとする情熱を持ち、さまざまな価値観を認めた上で「素の自分」で話す。その姿勢を持つことを心がけたい。

第3章 現地で伸びる人の6つのマインド

第1章では「まずは行ってみる」という意識と行動について、第2章では「自分を見つめ、ありのままに他者を見る」という姿勢について述べてきた。

本章では、これまでに私が接してきた「アジアで活躍している人」に共通するマインドを整理してみたい。ここで私の言う「活躍」とは、単に多くの金銭を稼いだとか事業規模を数十倍にした、といった意味ではない。私の考える「活躍している人」とは、道なき道を自分の意志で拓いている人、自分の思想を広げて自由で面白いワークスタイルを実践している人、日本・アジアからさらにその先の世界を見据えている人、自分なりのかたちで世界が抱える課題を解決している人、などだ。

本章のテーマである「マインド（mindset）」とは、前章で述べた「在り方（being）」の延長にあるものだ。これを意識することで、次章で述べる「持っているもの（have）＝スキル」が活きてくる。

(1)自分だけの情報をつかむ

アジアの都市は変化が激しく、日本にいる以上に自分が足で稼いで手に入れた一次情報が重要になってくる。また、日本や欧米においては、各種統計やデータなどの二次情報がインターネットで簡単に入手できる環境が整っているが、アジアの場合にはそうはいかないことも多い。ここでは、私やほかの方が実践してきた方法を紹介したい。

日本人コミュニティから抜け出す

現地の一次情報を得るためには、その国の人と仲よくなることがいちばん早い。「そんなことは当たり前」と思われるだろうが、現地では意外にその必要性を体感していない日本人も多い。

その理由のひとつは、アジアで働いていても、顧客の大半が日本企業や日本人というケースが多いためだろう。日本企業のアジア進出が進んで久しいが、そのなかには現地で加工した製品を日本や世界各地の日本企業に輸出する、といったケースも多い。また、日本国内の取引関係はそのままに工場だけをアジアに持っていき、製造した部品を納入する、といった例もある。つまり、「アジアで仕事をする＝アジア人やアジア企業と仕事をする」とは限らないわけだ。確かに日本人と日本企業が顧客であれば「日本人以外の情報源が必要」と言われてもピンとこないかもしれない。

しかし、今後は世界経済における中国企業、インド企業などの存在感はさらに大きくなり、そこにビジネスの情報も集中することだろう。せっかく隣にそうした最新情報を持つ人たちがいるのに、日本人コミュニティに閉じ込もるのは何とももったいない話だと思う。

「好きなこと」から情報を得る

私は中国に滞在していたときに、現地の足ツボ療法の学校に通ったことがある。現地の人に混じってふだんあまり使わないような体の器官の名称を中国語で暗記し、同級生や先生と専門的な話をすることでずいぶん中国語の勉強になり、さらに中国人の考え方を学ぶこともできた。語学と東洋医学を一緒に学べるのだから一石二鳥だ。

また、私はテニスが趣味なので、中国でテニスを教えてくれる「教練（コーチ）」探しをしたこともある。テニスコートを巡っていくと、どのコートにも一、二人のコーチがいて「一時間いくら」と交渉して教えてもらうシステムだとわかり、以後よく利用するようになった。そうした中で出会ったのが、グローバル企業の中国法人マネジャーである香港人のRさんだ。私より一回り以上年上で、オーストラリアで働いてからアジアで起業した経験を持つ彼の話は非常に面白く、勉強になった。

ある週末の夕方、テニスを終えた私とRさんは近くのカフェでお茶をしていた。私は、ふと彼に「これからのキャリアについて迷っているんです」と打ち明けた。Rさんは少し考えてから言った。

「タカシ、"Do what you really like"（自分が本当に好きなことをしなさい）」

「好きなことならいつでもそのことを楽しみながら考えられるし、それが仕事にもプラスになるから」とRさんは彫りの深い横顔を見せながら静かに続けた。今から一〇年前、当時の日本ではそうしたキャリア観を語る人はまだ少なく、彼のメッセージはとても新鮮なものだった。ビジネス上の情報収集はもとより、こうした対話によって人生の幅や価値観が広がることが異文化に触れるいちばんの収穫だと思う。

アジアで活躍する人たちは、皆自分なりのスタイルで現地情報をとっている。

先に紹介したNPOコペルニクの中村俊裕代表は「インドネシアでは夜ごとに地元の人のパーティーに呼ばれる。その場が現地の人の考え方を知る上での貴重な機会になった」と語る。インドでコンテンツ事業を行っていた福山秀仁さんは「現地の若い人たちの意識を知りたいときにはカフェに行った。現地の女子高生から『いちばん大切なのはやっぱり家族』といった生の声が聞け、市場調査よりもよほど役立った」と言う。福山さんは「地元で人気のあるクリケットなどのスポーツや地域のボランティア活動などに参加するのもいい」とも語る。インドでも若者を中心に、教育や貧困などの社会問題に対する関心が高まっているため、こうした場が意識の高い若い世代と交流するためのよい機会になる、というのだ。

中国で起業した私の友人の場合には、二ヵ月に一度、自分の家で持ち寄りパーティーを開催している。中国人や中国在住の欧米人などの多様な人が集まるよう配慮した結果、現地企業で働く人、外資系企業で働く人、政府関係者などにさまざまなネットワークができたそうだ。

要は、自分が好きで続けることが苦にならないところで、新しい人と出会うためのしくみをつくればいいのだ。

定点観測をする

活躍する人は「自分の体感」というべきものを持っている。特に成長著しいアジアの都市は道路や街の状況の変化が激しく、日本のようにカーナビを普及させることすら難しい。それだけに、自分の体と目で情報を確認することが重要だ。

変化を感じるためには、何度も同じ場所へ行く「定点観測」がお薦めだ。

私自身は上海を「定点観測エリア」にしている。上海といっても広いので、必ず同じエリアを自分の足で歩く。定期的に同じ場所を見ていると市場の変化がよくわかる。

たとえば、あるときは市街地の中心部にパンを販売するカフェが以前よりも増えたことに気づいた。台湾系の「85度C」などのチェーンがどんどん進出しているのだ。ご存知の方も多いだろうが、中国では二〇〇〇年前後までは買い物をするときに商品を手にとることができなかった。デパートの買い物でさえ「陳列棚から商品を選んで店員に伝え、支払いを別のカウンターで済ませ、また売り場に戻って商品をもらう」というなんとも面倒な手続きが必要だったのだ。当然、パンもケースに陳列されたものを指差しながら買っていた。そのため、こうしたカフェやベーカリーの「包装されていないパンを自分で選んでレジに持っていく」という販売形式は非常に新鮮に受け止められ、歓迎された。同じ場所を歩くことで、規制や市場の変化とともに消費者ニーズの変化も感じることができる。

街を歩いていると、新たなマーケティングやビジネスの手法に気づくこともある。私は、以前上海のデパート入口で不思議な端末を見つけた。それは「VELO（中国語名：維絡城）」というクーポン発行サービスで、二〇〇七年からサービスを開始し、上海、北京、南京、蘇州、無錫で約三五〇万人（二〇一〇年時点）の会員を集めている。会員登録して発行される「VELOカード」と呼ばれるカードを使い、主要駅やデパートなど商業地域に設置された端末から飲食店など小売店の割引クーポンを手に入れて利用する、というしくみだ（図⑥参照）。

図⑥／街歩きで新たな発見をする

端末から好きな店やクーポンを選んでクーポンを発行する中国の若者たち

実際の端末を見てみると、その中に「BIC CAMERA／ビックカメラ」と英語と日本語が併記されたクーポンがあった。日本の家電量販店が中国にも出店したのかと思いきや、中国語で「限在日本使用（日本限定使用のクーポン）」と書いてある。つまり、日本に観光で訪れるときにこのクーポンを入手してからどうぞ、というわけだ。中国人の日本ツアーは、限られた時間の中で複数の都市を回るケースが多いため、小売店としては事前にこうした手法で見込み客を獲得することが重要になっている。

こうした国境を超えたマーケティング施策は今後ますます重要になるだろう。空港、駅、道路には、こうしたことのヒントが散らばっている。街歩きのときに気付いたことがあればすぐに写真に撮っておくことで、あとからアイデア帳的に使える。

（2）「答えのない世界」を楽しむ

活躍する人のマインドの二つめは「はじめに」で述べた「答えのない世界」を存分に

楽しんでいることだ。どんなに綿密に準備してもトラブルは次々発生するし、ものごとは思い通りには進まない。一方で、思いがけない人が助けてくれるなど、嬉しい想定外もある。そんな「わからない」ことを楽しむ気持ちが次へのステップを生み出す。

道は「見えなくて当たり前」

これまでの日本では、就職活動で大企業に入社し、安定して長く勤めるというのがキャリアの「勝ち組」とされてきた。しかしその「勝ち方」はもはや幻想となっていることを多くの人が感じているだろう。少し視点を変えればキャリアのつくり方には多くの選択肢がある。大学卒業から定年まで同じ組織で働き続けるこれまでの日本の大企業の働き方のほうが、世界的に見れば特殊だったわけだ。

最近は東京大学の秋入学の話が話題になり、高校卒業から大学に入るまで、または大学卒業から就職するまでの期間に留学したり、ボランティア活動やインターンをしたりする「ギャップイヤー」の話を聞くようになった。そうした「遊び」の部分を人生に積極的に取り入れるとよいだろう。社会人になっている人で一、二年単位の留学や海外就業は難しくても、先に紹介したインターンや短期語学留学といった「ギャップウィーク」

であれば可能な場合も多いだろう。

海外に出るとなると、日本から出たあとのキャリアに不安を覚える人も多いかもしれない。私も留学したために、大学の同級生たちよりも就職するのが四年遅れた。当時は家族や友人から「いつになったら働くの?」と心配された。実際に気持ちが揺れて「やはり日本で就職しよう」と就職活動をしたこともあったが、その揺れる気持ちを見透かされてうまくいかなかった。その後一〇年以上勤めた組織を辞めるときも、次の仕事が決まった上で計画通りに独立したわけではない。強い「思い」はあったものの、そのときのさまざまな要素やタイミングが重なって偶発的に決まったことだった。

だから今、皆さんが「進むべき道が見えない」と焦っていても、あまり心配しないでほしい。道が見えないのは当たり前だし、はっきりとしたかたちでなくても何かしらの「したいこと」があり、それに対する情熱を持ち続けていれば、時間はかかるかもしれないが新しい扉は必ず開く。自分の中にある「不安」よりも「こうしたことがしたい」という「思い」に焦点をあてて考えることで、違った世界が見えるはずだ。

今の日本は長引く不況で就職自体が難しかったり経済的に厳しかったりする状況にあ

るが、逆から見れば、新卒を一括して採用するしくみがゆるみ、海外経験のある人材を積極的に採用するなどの環境変化がある。長い目で見れば「もっともリスクが高い選択」が「もっとも自由で可能性に満ちた選択」になることは多いはずだ。

直感にしたがって進む

とにかく直感にしたがって進むことで道が開けることもある。

税所《さいしょ》篤快《あつよし》さんは早稲田大学に在籍しながら、バングラデシュで貧困層に遠隔教育を提供する「ドラゴン桜プロジェクト」の代表を務めている。税所さんは大学一年の夏に、ムハマド・ユヌス氏が創設したグラミン銀行について書かれた『グラミン銀行を知っていますか?』（坪井ひろみ、東洋経済新報社）という本を読んでその内容に衝撃を受けた。そこからの彼の行動は迅速だった。「こんなすごい人がいるなんて。ユヌスさんに会いに行ってみよう」と飛行機のチケットと宿だけを予約して、バングラデシュに飛んだのだ。

税所さんはもともと開発途上国支援に興味があり、大学一年のときにはケニアでトイレを掘るボランティア活動をしていたが、当時から「もっと持続的な活動はないか」と感じていた。そこで出会ったユヌス氏の「ボランティアではなくビジネスで課題を解決する」という考え方は非常に斬新に映ったという。ダッカに着くとその情熱と行動力で、アポなしでグラミン銀行のインターン部署に出向き、「一週間インターンをしたい」と訴えて見事に採用された。

帰国後、税所さんはグラミン銀行の日本コーディネーターになり、日本人の大学生をグラミン銀行に送るというプログラムを現地で担当することになった。そのときに現地の大学で大学生と話したり、フィールドワークをしたりする中で「地方では先生が不足しており、大学受験したくても勉強ができない」という教育事情を知った。

一方、都心のダッカには予備校が集まっているエリアがあり、日本の大手予備校のような学校がいくつも軒を並べている。税所さんは、自分が高校時代に使っていた大手予備校のDVDを使った授業を思い出した。映像であれば、先生がいなくても授業を受けることができる。彼は協力先を見つけるために、ダッカのトップ大学であるダッカ大学の学生に「高校のときにどんな予備校に行っていたか」「よい予備校の先生を知っているか」などをひたすら聞いて回った。そこで興味を示したダッカ大学の大学生をパートナーにし、有名な先生と協力して教育DVDを制作。パートナーの出身の村での配布を皮切りにネット配信で対象エリアを増やした。今では、バングラデシュだけでなく、ルワンダやヨルダンなどにも広がるこのプロジェクトは「五大陸ドラゴン桜プロジェクト」という名称になり、今後はボリビア・エルサルバドルなど南米にも展開予定だという。

税所さんがこのプロジェクトをはじめたきっかけは「直感」だった。そして、彼にはよいと思ったことをすぐに実行に移す行動力、そしてどんな国籍の人にも心を開ける力があった。語学もそう得意でなかったが、ダッカに長期滞在してグラミン銀行でインターンする中で学ぶ努力を続けてきた。そうした思いと行動力が周りの支援者を巻き込んでいったのだ。

(3)「三年で帰る」意識を捨てる

アジアで活躍する人の共通マインドの三つめは「腰掛け意識」を捨てることだ。

通常、日本企業は三年程度の短い人事ローテーションで転勤を重ねることが多い。これは組織制度上の問題なので仕方がない面もあるが、限られた任期の中で結果を出している人は、最初から「これを成し遂げよう」という覚悟を持って臨んでいる人が多い。「どうせ三年で帰るから」と思っている人はその態度が透けて見えてしまう。その地で新しいキャリアをつくる覚悟で働くのとそうでないのとでは、たとえ数年間でも大きな差がつく。

そして、基本的にはアジア市場で戦っていくためには、長期的にその市場にコミットする必要がある。欧米に駐在するのであれば、たいがいの商品には既存の市場があり、代理店や販売網も確立している。これが中国やインドの場合は、代理店を探して販売網を一から構築するところからはじまる場合も多い。現地での商慣習の違いに慣れ、人脈を形成するにも時間がかかる。短期的な商売の仕方で儲かる市場ではないのだ。

たとえば、中国で化粧品を売ろうとすれば、物流は未整備なところが多く、特に地方では小規模な家族経営の薬局があるだけ、という状況だ。営業戦略次第ではこうした店を地道に回って自社の代理店になってもらったり、販売員の教育をしたりなどのことが必要になるだろう。こうした状況では、赴任一年目は現地での生活や仕事に慣れるだけで過ぎ去り、二年目からビジネスの仕込みをはじめても許認可や納期・支払いの遅れも日常茶飯事なので、仕事は思うように進まないことがふつうだ。三年程度の任期では「ようやくこれから」という頃に帰任することになってしまう。

京セラ・インド法人の北村英樹社長は、入社後間もなくシンガポール支社に六年間出向し、日本本社での勤務を経て中国で販売会社の立ち上げを担当した。中国に六年間滞在し、再度シンガポールに一年駐在したのち、かねてからの夢であったインドでの現地法人立ち上げに関わることになった。現在、インドに駐在して三年になるが「定年まであと六年。それまで帰国するつもりはない」と笑う。北村社長は「日本人は皆三年ほどで帰国するが、それでは中国人や韓国人に絶対に勝てない。彼らは会社の制度としても本人の意識としても〝現地に溶けこもう〟という覚悟が違う」と言う。

北村社長の言う「会社の制度」としては、韓国企業サムスンの「地域専門家制度」が有名だ。これは入社三年目の社員から課長代理までを対象とした人材育成制度であり、対象となった社員を一年間世界各国に派遣する。その一年は仕事をする必要はないが、その国や地域の専門家になるべく、自主的に現地の言葉の習得やネットワークづくりに取り組む。

こうした方針のもと徹底して現地化を図るライバルを超えるのは、生半可なことではない。実際、アジアでビジネスをうまく進めている日本企業は、経営者自らが長期滞在したり、頻繁に足を自ら運んで企業理念を浸透させたり、社内方針を徹底するなどの努力をしている。そうすることで、アジア人社員もはじめて経営者の本気度を感じ、信頼感が生まれるのだ。

根気よく続ける

序章で紹介したグローバルマネジメント研究所ベトナム法人代表の八谷賢次さんは、二〇〇六年からベトナムの首都ハノイに渡り、二〇〇七年に現地法人を設立した。同社はベトナムに進出した日本企業や現地企業に対する人材育成事業を行っている。

ハノイ生活六年目に入った八谷さんは「立ち上げ当時はベトナム人に対する理解も浅く、何から何まで自分でやっていて本当に大変だった」と語る。人材育成事業を行う同社だが、いちばん苦労したのは「自社のベトナム人社員のマネジメント」だったという。八谷さんは「『時間通りに仕事を進める』『ミスをしたら謝罪する』などの日本人にとっては当たり前と思えるビジネス慣習がまったく通じない。社員に『どうして謝らずに言い訳ばかりするんだ』と怒って相手を落ち込ませたり、信頼関係がずたずたになったりという経験を何度もした」と語る。

八谷さんは次第に「ベトナム人はできないのではなくて、知らない、わからないだけなのではないか」と考えるようになる。そしてそれまでの失敗の経験を踏まえ、根気強く相手と関わる姿勢を持つようになった。

たとえば、指示を出したときには「わかりました」と答えたベトナム人部下が、締め切りの一日前になって「仕事が終わらない」と言ってくる。そのとき「なぜ、締め切り間際になって報告するのか？」と聞くと、「あなたが私に聞かないから」という答えが返ってくる。それまではそこで怒っていた八谷さんだが「よい機会だから、自分が理想とする仕事のやり方を一から伝えてみよう」と決める。そして「やるべき作業をリストアップしてそれを一緒に確認し、リストからモレていることを拾い上げ、スケジュールをつくる。同時にできる作業を見つけたり、計画の進捗を確認したり、タスクが終わったら報告してもらう」といった仕事の進め方を少しずつ浸透させた。

こうして、スムーズに仕事が回る状況をつくるまでに三年近くかかったという。「部下たちが自信を持って仕事を進めるようになったことがうれしい」と八谷さんは言う。

前項で紹介した「ドラゴン桜プロジェクト」を推進する税所さんも、ダッカで働きはじめた当時は苦労ばかりだった。まず、資本金として持っていた大金を強盗に奪われてしまう。ここでは、日本の恩師が緊急援助をしてくれてプロジェクトを続けることができた。その後もグラミン銀行とプロジェクトの進め方で折り合いがつかず、結局独自プロジェクトとして再度展開することを余儀なくされるなど、大きな試練が続いた。それでも税所さんは「過酷な生活環境のバングラデシュで働いたことで、世界のどこでもやっていける自信がついた」と言う。

「すぐに帰るから」という意識を捨て、覚悟を決めて臨めば、現地の人も市場もそれにふさわしい関係を結んでくれる。組織制度などの制約があるかもしれないが「自分はここでこれを成し遂げる」という意気込みを持つことで、それは周囲に伝わっていく。

(4)「会社の看板」を外して働く

アジアで活躍する人の四つめのマインドは、「会社の看板を外して仕事する」ことだ。

そのためには、自分の「売り」を考え、社外の優秀な人と仕事をすることを意識する。

私がアジアで働く上で感じてきたのは「企業同士の仕事であっても、個人の信頼関係が果たす役割が非常に大きい」ということだ。これは、日本における「あの人が担当者なら安心」といった感覚をはるかに超えたものだ。個人的な信頼関係がなければその仕事はよいものにはならないし、必要な情報すら得られない。

日本で仕事をしていると、知らず知らずのうちに「会社の名前」に寄りかかって仕事をしていることが多い。使えるものは使えばよいというのも事実だが、その一方で、自分が会社の看板なしで仕事をしたらどうなるのかについても常に想定しておくといい。実際に自分が会社を辞めて独立したりフリーになったりした場合の状況は、その想像をはるかに超えたものになるはずだ。

これは私自身の実感からくるアドバイスだ。私が組織を離れたとき、ガラリと対応が変わる人がいる一方で、個人的に信頼して仕事を紹介してくれた人もいた。いちばん不安で苦しい時期に助けてくれた方々には本当に感謝している。また、私が独立したとき「Congratulations!（おめでとう！）」と祝ってくれたのは、圧倒的に海外の友人が多かった。私自身も会社の看板を外した知人・友人に対して、「Congratulations!」と言う人間でありたいと思う。

「自分の売り」を知る

皆さんは「自分の売り」は何かについて真剣に考えたことがあるだろうか？

もちろん、英語や中国語などの語学ができれば仕事のチャンスは広がるだろう。しかし、インド人や中国人と比べたときの売りは何かと考えていくとどうだろう。海外で働く上である程度の語学力は必須だが、かといってそれが絶対的な価値となるわけでもない。たとえば皆さんが香港、シンガポールやインドのグローバル企業や地元企業で働くとしたら、おそらくビジネス言語は英語になるだろう。すると、「自分のアシスタントよりも英語が話せない」という事態になることも考えられる。

「自分の売り」はいくつかの要素の掛け算で決まる。ひとつのことを極めて専門家になる道は競争が激しく、他人との差も出しにくい。だからこそ、語学とそれ以外の付加価値を掛け合わせることが重要になる。

私がこうした話をすると「いや、自分にはそんな強みはありませんから」と言う人も多い。そういう人たちは通知表で言えば「オール5」でないとダメだ、と思っているようだ。しかし、成績3か4程度の「人並みかそれよりちょっと上」というものでも、その項目を三つ掛け合わせることで自分の売りにすることができる。

私自身も自分のキャリアを考えたとき、英語や中国語が話せることはプラスになったが、それは単純に「中国やアジア経済」のことを「英語」で話せる「日本人」が少なかったためだ。先ほどの掛け算で言えば「中国経済×英語×日本人」となる。この組み合わせを持つ人間があまりいなかったために、NHKの国際放送のコメンテーターや米国商工会議所での講演、中国の中央電視台が持つネットテレビへの出演などの依頼が来た。「中国経済」という一要素でみれば、私よりも詳しく語れる人はいくらでもいるだろう。ニッチの掛け合わせでも「自分しかいない」というポジションを見つけられれば強い。これからは「英語」も差別化にはなりにくいので、「中国語」「ヒンディー語」などのアジアの言語と自分の専門性を掛け合わせるのもよいだろう。

106

人件費を超える価値を持てるか

「グローバル化で先進国の仕事がなくなる」と言われるが、日本にいても実際にそれを感じる機会が増えている。私の知る企業は専門的なデータベースをパッケージで販売する事業を行なっている。本社は東京だがバックオフィスはインドにあり、そこで働くのはインド人だ。知人のＩＴコンサルタントである岡秀樹さんも「日本にいるとＩＴ関連の仕事がどんどんなくなっていくのを感じる」と語る。岡さんは「プログラミングなど簡単な工程は中国、少しレベルが高いものはインドで行う。日本には設計の提案やプロジェクトの管理など付加価値の高いものしか残らない」と続ける。ほかのＩＴ企業で働く若手ビジネスパーソンも「日本でインド人のエンジニアが増え、日本の仕事も彼らと取り合う場面が出てきた。英語を使える彼らは外資系企業のプロジェクトなどで有利なので、私たちも語学力を付けないと戦えない」と危機感を漏らす。

以前、私はヘッドハンターに転職話を持ちかけられたことがある。

それは、あるグローバル企業の中国法人についての案件で、その企業は日本企業をターゲットとしており「中国のマーケットを理解しつつ日本語・英語・中国語ができる人材がほしい」ということで私に話が回ってきたのだ。しかし、リサーチを重ねるうちに、私を雇うよりも「日本語と英語が堪能な中国人」を現地で採用したほうが圧倒的に人件費が抑えられることが判明し、その話はたち消えになってしまった。

このとき、私は改めてグローバル規模で見た「自分の売り」は何なのか、ということを考えさせられた。「人件費が高い」というハンディを持ちながら、外国人と同じ土俵に立ってポジションを争わなければならない。頭ではわかっていたことがいよいよ現実になったことを感じた。

アジア各国のホワイトカラーの平均月給の比較表（次ページ、図⑦）を見てもらいたい。これは各国の平均月給を比較したものだ。中国人は日本人の約七分の一、インド（デリー）になると約一二分の一だ。今後、誰でもできる仕事は確実に人件費の低い国に流れていく。日本人である自分がこうした賃金で働けるインド人・中国人・フィリピン人などと競争する立場にいるという事実を認識しておく必要がある。

日本並みの待遇でなくても構わないからアジアで働きたい、というのであれば、現地採用に応募する手もある。突出したキャリアがなければ、日本で働くよりも給与はかかな

図⑦／アジア主要都市の平均月給

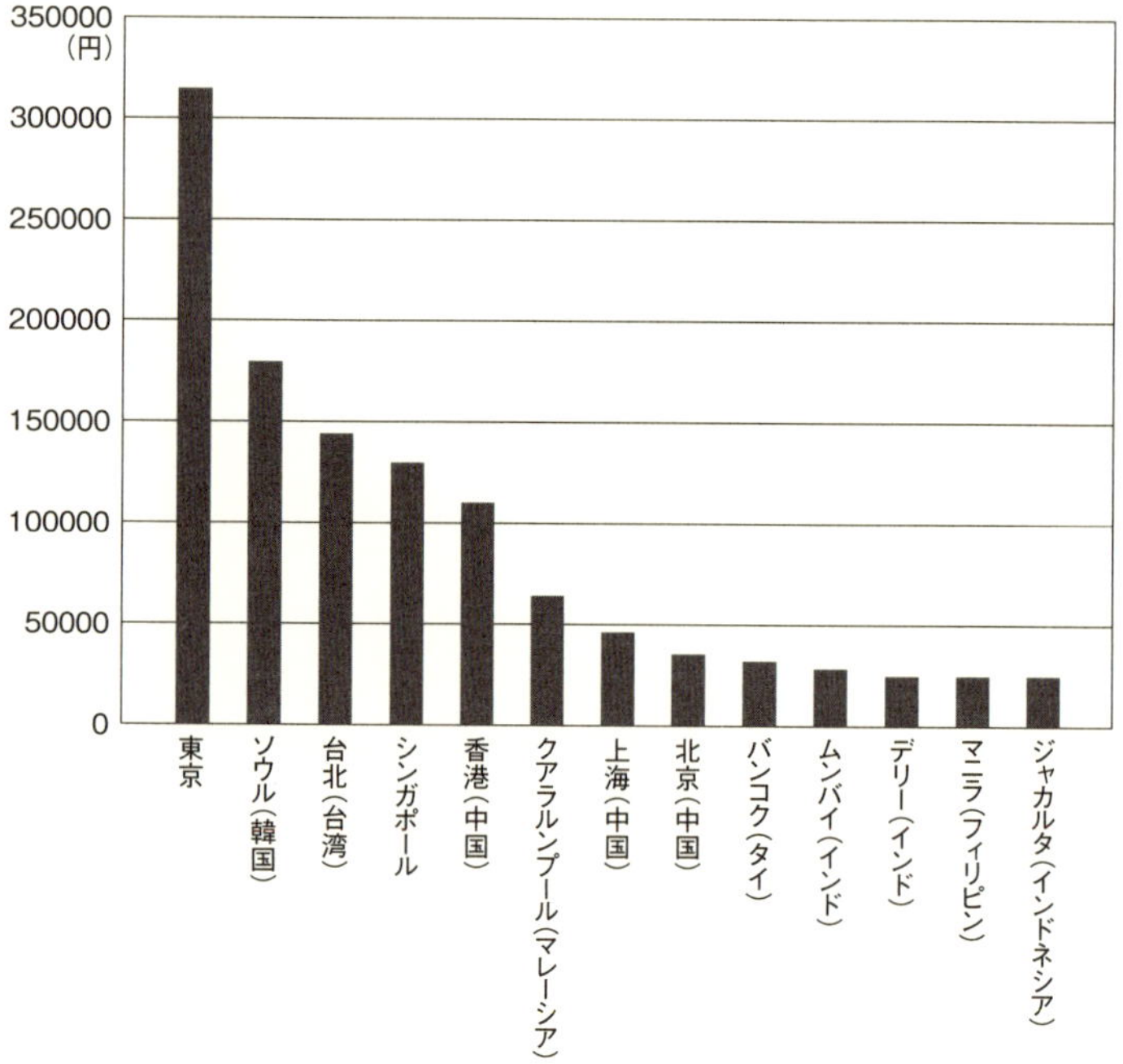

出所：「PRESIDENT」2007.12.3 から作成。
元データ：2006年UBS調べ。時給から算出した推計値を使用。

り落ちることを覚悟しなければならないが、住居への補助や二年目以降の昇給条件を詰めるなど、交渉の余地があることも多い。日本企業の現地採用枠ならば、語学力とともに駐在員と現地社員のパイプ役になることが求められるだろう。外資系企業の日本営業担当などの現地採用枠ならば日本語と英語が話せる台湾人や韓国人とポジションを争うケースが多くなる。

現地採用のメリットは、好きなときに好きな場所で働けることだ。大企業でインド、ベトナム、ミャンマーなどの駐在枠を狙っても、組織の都合が優先される中ではよいタイミングでチャンスが訪れるとは限らない。自分が主体的に行く場所や時期を決められるメリットと、報酬条件や仕事内容の制約などのデメリットの両方を考え合わせることが大切だ。

社外の優秀な人と知り合う

会社の看板を外して働くためには、社外の優秀な人と知り合い、協力して仕事をすることがよい機会となる。では、どうすれば社外の優秀な人たちと知り合うことができるだろうか？

序章で紹介したマザーハウス台湾法人でディレクターを務める迫俊亮さんは「仕事で実践していることが二つある」という。

ひとつは、「地域文化にどっぷり浸かる」ことだ。台湾に赴任したときに現地人脈が皆無だった迫さんは、優秀で価値観が合う外部のパートナーを探すため、台湾人と部屋をシェアして住んだ。前述のようにこれには費用削減の意味もあったが、現地の人と住まいをともにすることですぐ友人ができてネットワークが広がる、という利点があった。二〇代の迫さんの同世代は独身者が多く、夕食をともにしたり休みの日に一緒に遊びに行ったりすることで交流が深まったという。

もうひとつ、迫さんが自分に課しているのは「積極的に自分を売り込む」ことだ。具体的には自社の活動と商品に関連したテーマの講演会を探し、その主催団体に「私も講演をさせてもらえないか」という売り込みをかけた。台湾ではマザーハウスが行っているような社会的課題を解決する事業に対する関心が高まっているが、現地ではまだ実践例がほとんどなく、日本発の事例として関心を持ってもらえた。「ベンチャー企業をどう経営するか」「社会をよくするためには何をすべきか」など、テーマを広げて学生や社会人向けに話すうちに主催者や参加者とつながりができ、そのまま取引先開拓やほかのアジア圏でのビジネス展開につながった、という。

「プロジェクト方式」で仕事をする

「私はプロジェクト方式でビジネスをしています」というのは、上海で日中の企業に対する事業コンサルティング業務を行う草野玄さんだ。

草野さんは大学卒業後にアパレルメーカーに入社し、九〇年代は上海に駐在した。現地法人の運営に関わるうちに経営を学ぶ必要性を感じ、アメリカに留学してＭＢＡを取得する。卒業後、大手家電メーカーに転職して再度上海に駐在したのち、現在のコンサルティング会社を立ち上げた。

同様のビジネスを行う企業は多数あるが、草野さんがユニークなのは「中国に根を張ってビジネスをする以上、日本をはじめとした外資系企業だけでなく中国政府や中国企業とも積極的に仕事をする。中国の専門家ではあるが、柔軟に仕事をするためにあえて特定の専門分野を持たない」という考えに立っていることだ。

草野さんの会社ではプロジェクトがまとまると、その目標達成に求められる機能を割り出し、それに見合う能力と実績を持つチームを編成する。ここでは、社内のリソースにこだわらず、外部のプロフェッショナルとも積極的に協働する。こうした手法は日本でもコンサルティング会社やＩＴ企業などにおいて一般的だが、中国では会社単位でなく、より個人的なネットワークをもとにメンバーを選ぶところが異なる。実際、企業の代表である草野さん自身が外部プロジェクトのメンバーになることもある。こうした柔軟で敏捷性の高いチームで取り組むことによって、組織を超え、スケールと躍動感をもって目的を達成することができるのだ。

こうしたプロジェクト方式で仕事をするためにも「会社の看板を外す」意識が重要になる。草野さんは「日本人がプロフェッショナリズムを持ちにくいのは、役割や責任があいまいな中で仕事をしているから。そうした環境では『自分がやらなければあとがない』という強い意志が育たない。人任せや責任逃れの稟議に明け暮れていては世界の競争についていけない」と言う。

「世界中から人材が集まる中国では、個人のプロ意識が求められる。以前、ある会合で、大手企業の日本人社員が『うちの会社のメンバーは週末も仕事をしているんですよ』と言っていた。必死に働いていることをアピールしたかったのでしょうが、それを聞いた中国人は『自己管理ができないんですね』と答えていました。短い時間で高いアウトプットを出すことを競う社会においては、こうした発言をしては、どこか仕事のやり方に問題があると思われても仕方ない」と草野さんは続ける。

古代、人間がマンモスを狩りに行くときには、必要な人間だけを集め、チームを組んで長い狩猟の旅に出た。厳しい行程の中では途中で死ぬ人も出る。狩りが成功すれば残ったメンバーで獲物を山分けする。厳しいように思われるが「必要とされる人間を集め、成功したら獲物を山分けする」というのはビジネスの基本でもある。

日本においてもアジアにおいても、これまでの「雇い・雇われる」という関係ではないかたちでビジネスをすることが増えている。そのために、早くから会社の看板を外し、「個人として仕事ができる自分」を意識しておくことが大切だ。

(5) 意思決定のスピードを三倍に

日々変化しているアジアでは「ビジネスのスピード感を上げる」ことも大事だ。アジアに進出して成功している中小企業では、全権限をもったオーナー社長や役員クラスの人材が現地に長期滞在して陣頭指揮をとる例が多い。トップが常に現場にいることで意思決定が早くなる。スピードが命のグローバルビジネスでは「契約まで一ヵ月かかるなら多少価格が高くても一週間で決まる他社に発注する」というケースも多い。いちいち「日本の本社の確認をとります」と言っていては、欧米や中国・韓国のライバルに負けてしまう。


これは、アジアで人材研修事業などを行うインド人のCさんから聞いた話だ。

あるとき、Cさんは日本を訪れ、日本企業に出向いて担当者や部長クラスと商談をした。Cさんの会社では三ヵ月後にベトナムで自社開催のセミナーを予定しており、商談相手にそのセミナーを案内したところ、相手も「ぜひ伺いたい」と乗り気だったという。

帰国したCさんは、企業の担当者に対して「それで、いらっしゃれることになりましたか?」と問い合わせを入れた。しかし、相手の大企業は、海外研修の参加ひとつでも意思決定に時間がかかる。Cさんが数度問い合わせても「まだ検討中です」という答えが返ってくるばかり。Cさんは「どうして一人を派遣するのにこんなに時間がかかるんだ」とぼやき、「ほかのアジア系企業や欧米系企業のアジア拠点であれば、トップに近い人が『興味がある』と言えば案件はその場で決まるし、一、二ヵ月後には現場レベルで実際のアクションを起こすのがふつうだ」と続ける。

日々変化しているアジアでは、ビジネスのスピード感を上げることが絶対的に重要になる。前例のように、ほかの国のグローバル企業であれば一ヵ月で決まることが日本企業では三ヵ月経っても決まらない、という話は多い。まずは「現在の意思決定スピードを三倍上げる」ことを目安にして、意識と体制を考える必要があるだろう。

組織的な対策をとる

意思決定のスピードは組織の構造に大きく関わっている。

私は日本企業に勤め、アジアに駐在した経験を持つ人の多くから「現地法人は責任があるのに権限がない」と嘆く声を聞いてきた。こうした声を受け、日本企業でも現地法人に権限を委譲し、迅速に意思決定する体制をつくる例が出はじめている。

あるメーカーでは、本社の役員クラスが現地に常駐し、投資や事業戦略に関する決裁権を持って事業を進める体制に改めたところ、意思決定のスピードが格段に速くなったという。さらに、現地法人を第二本社にして意思決定権を委譲する、という構想を描く企業もある。ユニ・チャームは、二〇一一年上海に中国事業を統括する「投資性公司（外資系企業による中国子会社の統括・支援機能を担う会社の形態）」を設立した。ここに日本本社が担ってきた開発、生産、販売計画の立案機能などを順次移していき、最終的には投資枠などを除く中国すべての事業計画を決定・実行できる中国本社とする計画だという。

決定権を持つ人と仕事をする

迅速な意思決定のためには、権限を持つトップに近い人にコンタクトをすることも重要だ。

「インドビジネスでは、トップに会えるかどうかが成否を決める」と強調するのは、前項で紹介したインドでコンテンツ事業に関わっていた福山秀仁さんだ。

現場が一定の決定権を持つことの多い日本企業と違って、海外の企業では最終的な決定権はあくまでトップにある。情報もトップが集中して持っているため、現場レベルでは意思決定ができないのだ。

日本の携帯コンテンツをインドに輸出する業務にあたっていた福山さんは、事業の足がかりをつくるためにインドの業界団体にアプローチした。「日本のコンテンツをインドに紹介したい」という話をしたところ、現地のコンテンツプラットフォーム事業者を紹介してくれた。紹介されるのは現場担当者であることが多かったが、中にはトップに会うことができるケースもあり、その場合は格段にスムーズにビジネスが進んだ、という。トップに会うためにはさまざまな人脈が必要になるが、「直接的な知り合いがいなくても、日本企業で働いているインド人、インド駐在経験のある日本人などに紹介を頼むことも有効だった」と振り返る。

トップに会えることになれば、その時間を最大限に活かす工夫が必要だ。日本企業のインド進出サポート事業を行うサンジェイ・パンダさんは、「トップに会うことは大事だが、相手の考え方や解釈の仕方を理解して臨むことがさらに大事。インドでの経験が浅い人だけで会うよりは、仲人役として現地の知見がある人を入れたほうがスムーズな場合も多い」と話す。

パンダさんが、ある大手日系企業がインド企業の株の一部を買収する交渉に関わった際のことだ。インド側の株主である家族への処遇の話が出たときに、創業者から「息子や義理の息子も株主。家族がからむビジネスの難しさを理解して欲しい」と相談され、それを踏まえて日本側と調整したところスムーズに話が運んだという。パンダさんは「インドはファミリービジネスが多く、ビジネスの場で家族の話が出ることも多い。そうした機微を汲み取れるようになるとビジネスもうまくいく」と話す。

トップと関係をつくるためには同様の立場、カウンターパートであることも重要だ。さらに、いったん関係ができれば、そのままトップ同士の付き合いを維持させなくてはならない。

一九八二年に合弁でインドに設立されたマルチ・ウドヨグ社（二〇〇七年にマルチ・スズキに社名変更）はいまやインドの乗用車市場で四割以上のシェアを占めている。スズキのトップである鈴木修会長は「インドで成功した一番の要因は何かというと、それはバルガバさん、クリシュナムルティさん（初代マルチ社長）という波長の合う人に僕が会えたことですよ」と述べている（『スズキのインド戦略』〈R・C・バルガバ著、島田卓監訳、中経出版〉）。ライバルの企業の場合、いったんはトップや役員が挨拶に来てもすぐに「では、あとは担当者同士で」と引いてしまった。一方の鈴木社長はインドに頻繁に出張して、ビジネス上の具体的な話をしながら個人的な関係もきちんと継続したために両者のパートナーシップがうまくいった、というのだ。

「熱意・理論・根回し」で意思決定を獲得

組織形態を変えたりトップのコミットメントを生み出したりすることは一朝一夕には難しいが、個人にできることもある。

日本の食品メーカーA社のインド駐在員として働いているTさんの例を挙げてみよう。A社では既にインドで製品の製造をしていたが、販売は資本関係のないほかのメーカーに委ねていた。日本で二年間インド事業の担当だったTさんは、「中長期的に見れば自前の販売網をつくる必要がある」と考えていた。この戦略変更について経営陣の了解をとろうとしたが、大きな経営判断であるとともに、長年掛けてようやく事業が軌道に乗りかけていた時期でもあり、なかなか了解が取り付けられなかった。

競合他社は現地法人への権限委譲を進めており、意思決定が早い。このままではライバルに出し抜かれてしまう……。そう考えたTさんは、「熱意・理論・根回し」という三つの武器を使った。

「熱意」では、自社販売網プロジェクトの立ち上げ当初は日本からインドへの出張で対応し、現地で綿密な調査を重ね、何度も経営陣に提案を試みた。しかし、それでも経営陣は首を縦に振らない。最終的に「自分が現地に駐在して実現するしかない」と判断し、現地に赴いてより現実的な情報を得るとともに、戦略を練って自社販売網の必要性を「理論」を使って経営陣に訴えた。

一方で「根回し」も怠らなかった。社内の生産・販売・財務などの責任者に個別に会って、彼らの意見も聞きながら実現に向けた協力を要請した。結果として、本社からは二年間の時間を与えられていたが、着任してから半年で自社販売網の設立を勝ち取ることができた。「どんなに立派な理屈で説明するよりも、自分が現地に赴き地に足がついた状態で説明することで説得力が増すことを実感した」という。

(6)「言葉の力」を意識する

アジアで活躍する人の最後の共通マインドは「言葉の力」を実感し、それを上手に使っていることだ。人を動かすためには、自分の思いを言葉にし、それを自分なりのかたちで伝えることが重要だ。特にグローバルの環境ではバックグラウンドを理解し合っていない人に自分の思いを伝え、理解してもらわねばならない場面が増える。

私が留学していたボストンの大学では、「プレゼンテーション」の科目があった。当時の私はこのクラスが苦痛で仕方なかった。何しろ私以外の学生は全員アメリカ人、英語はネイティブだし、幼い頃から人前で話すことに慣れている。中にはスピーチやプレゼンテーションを専門に学んでいる学生もいた。そのクラスにはテキストがなく、ひたすら実践が重視されていた。毎回、与えられたテーマで三分間のスピーチを準備してきて発表する。そのうち、くじ引きでテーマを決めて即興でスピーチする、という応用編もはじまった。私は英語もおぼつかない状態で話したいテーマも見つからない。毎回悲惨なスピーチをして、自己嫌悪に陥る日々だった。

「これではまずい。何とかしなければ」

授業が進む中で、私は自分をアピールできる方法を必死になって考えた。語学力のハンディやスピーチ経験の少なさはすぐに挽回できることではないと諦め、「自分が彼らよりも知っていることは何か」を必死に考えた。考えていくと、答えは至極シンプルに「日本のことしかない」。なにせクラスに外国人は私一人だけ。加えてアメリカ人は意外なほど国内志向の人が多く、海外事情、特に日本や日本人についてはまったく知られていなかったのだ。

そこで、私は毎回のスピーチに「日本の経済事情」や「日本人はなぜ残業をするのか」といった労働観、「日本の文化」などの切り口を盛り込むことにした。また、クラスメートに「日本に対する印象」に関するアンケートをして、それをベースにプレゼンをするといったことも試みた。すると、私がプレゼンをはじめると「ああ、日本の話をする彼ね」と同級生が興味を持ってくれるようになり、とても話がしやすくなった。アンケートの結果を盛り込むことで、聞き手に当事者意識を与えられることも実感した。

日本人は基本的に「発言下手」

皆さんは会議や議論の場で「意見がまとまらなくなる」「話の流れを壊す」と発言を控えてしまうことはないだろうか。

第2章で紹介した日本GEの八木洋介取締役は「日本人は、研修の場でもなかなか意見を言わないので、そこに注意して進行している」と言う。受講者には「アイデアレベルでいいので意見を出してください」と促し、小さなことでも発言して質問することによって、ほかの出席者の理解が深まったり他人の考えが刺激されたりする効果がある、という説明をする。

以前、人気を博したＮＨＫの「白熱教室」という番組は、ハーバード大学のマイケル・サンデル教授やコロンビア大学のシーナ・アイエンガー教授の講義が再録されたものだ。教授と学生が活発にやりとりするシーンを覚えている方も多いだろう。ここに出てくる学生たちの発言をよく聞くと、皆が突出してユニークな意見を出しているわけではない。ただし、教授の問いかけに即座に反応し、何らかの議論の手がかりになる意見を言う。このテンポこそが重要なのだ。

クリエイティブな会議は、参加者の考えの断片を集め、新しいものを生み出すためにある。ここでは「完璧な意見」などは必要ない。とにかく発言することが重要なのだ。

私も会議の場などで発言のタイミングを逃してしまうことがよくあったため、会議中に質問や発言の要点をメモ書きし、とにかく手を挙げて発言の機会を確保してから、続きを考えつつ話すようにしている。

冒頭の八木取締役は「日本人の発言下手は、小さいころからの教育にも理由がありそうだ」と言う。小学校時代、わからない漢字や単語を先生に聞くと「ちゃんと自分で調べてから聞きなさい」と言われる。自分で調べる習慣が付くのはよいことだが、一方で

「すぐに発言する」「わからなければすぐに聞く」ことを否定される。一方でアメリカ人は何か質問するたびに「それはいい質問ね！」とほめられる。こうした教育の違いがあって、大人になってからもすぐに発言するかどうかに差が出るのではないか、というわけだ。

「空気を読む」「察する」といったことが重視される文化で育っている日本人は言葉にしないでわかり合おうとする傾向が強い。外国語を使う環境に行けば、こうした感覚は残念ながらあまり通用しない。言葉になっていないことはないものと同義とされることも多い。日本人は自分が思う以上に発言力が弱いことを意識して、「とにかく言葉にする」ことを心がけたい。

雑談に強くなる

私自身、「言葉の力」を痛感してきた。

もともと人見知りタイプの私は、数度の留学を経てもさほど性格は変わらなかった。海外に関する本では「留学してガラリと性格が変わり、こんなにポジティブに……」といったことがよく書いてあるが、私の場合、留学経験は内面に大きな変化を与えたものの、他人がすぐにわかるような性格の変化とは無縁だった。

仕事で海外に行く機会のある方は同意してもらえると思うが、ビジネス上の会話は話すことが決まっている分、意外とスムーズなものだ。一方で、大変なのは「何を話してもいい」という社交の場だ。海外で出席する機会の多い「サンドイッチをつまむ立食パーティー」などでは、適当に相手を探して話し、きりのよいところで次の人に移る、といった間合いが重要になる。頃合いを見はからって会話に入ったり、上手に次の会話の相手を探したりするのは日本語でやっても気疲れするものだ。それを英語や中国語でやるたびに、終わる頃にはぐったりしていた。

以前、中国人、シンガポール人、ドイツ人などのメンバーと夕食の席が一緒になったことがあった。その中で、外資系企業で働く中国人が次々に中国にまつわるジョークを繰り出していた。彼につられてほかの参加者も次々と自分の出身地にからめたジョークを披露する。突然、「タカシは何かないの？」と振られ、何も考えていなかった私は口にしていた北京ダックをノドに詰まらせそうになった。

海外生活が長い人はこうした場に備えて、自分の「持ちネタ」を仕込んでいることが多い。日本で中国関係のビジネスをする友人の持ちネタは、日本の狛犬《こまいぬ》の「あ・うん」

にまつわるものだ。中国で狛犬にあたるものは獅子であり、日本のものと違って二頭とも口が開いている。それを引き合いにして「日本では黙っていても話が通じますが、中国ではそうはいかない。『あ・うん』の呼吸が通用しないことは、日本の狛犬と中国の獅子を見比べればわかるでしょう?」とオチをつけるわけだ。

日本企業と関わりを持って働くインド人の友人は、「インドに来た日本人から『日本食レストランがない』『ゴルフ場がない』『街が埃っぽくて汚い』と文句を言われることがある。そんなときは『皆さんはインドのIndustry(=産業)に未来があると思って来ているんですよね? だったら、Indo dust try(=インドで埃の中でトライする)ことが必要なんじゃないですか?』とジョークを交えて伝えると、こちらの思いをわかってもらえる」と言う。

私がグローバルな会議の場に出たときのこと。グローバル企業の株主総会を企業・株主・ステークホルダー役に分かれてロールプレイをする場があった。企業役のメンバーから「当社の事業について意見は?」と振られた私は、冗談交じりに「貴社は中国で日本の節水型水洗トイレを販売すべきだ。これこそエコロジー事業じゃないか」と発言したところ大いにウケた。日本に来た外国人にとって温水洗浄機能を備えたトイレの体験は非常に印象深いようで、多くの友人からその話を聞いていたことから思いついたのだが、それ以後は私の持ちネタになっている。

こうした自分や自国にまつわる「持ちネタ」があると、コミュニケーションが格段にスムーズに、そして親密なものになる。

聞き上手でコミュニケーション

前項で何度か登場してもらったインドでモバイルコンテンツ事業の経験がある福山さんは、日本のベンチャー企業で五年間働き、その後外資系ＩＴ企業に三年間勤めたあとの二〇一一年に二九歳でインドに渡り、貿易業やビジネス・サポートを行う企業に役員として参画した。それまで、アジアには旅行で行った程度だったが、「三〇代はアジアで仕事をしたいと感じていた」と言い、インドを選んだ理由は、「中国やほかのアジアよりも生活や仕事の環境が厳しそうだから、ここで通用すれば世界中どこでもやっていけると思った」と笑う。

福山さんは「インドで日本人的な〝聞き上手〟が役立っている」と語る。「インド人は、放っておけば何時間でも話し続けるような人が多く、相手の話をあまり聞かない。この国で〝話し上手〟で張り合おうとしてもムダ。かといって単なる聞き手になっていてはビジネスが進まないので困っていた」と言う。

ここで福山さんが考えた手法は、相手の話が切れたところを見計らって「要するにあなたの話はこういうことですね」とまとめ、その上で自分の主張を述べる、というものだ。相手の意見を要約することで相手は「しっかり聞いてもらった」と満足し、それに続くこちらの意見も自然と聞いてもらえることがわかったそうだ。

また「自分にそれほど経験がない話題や仕事を振られたときにも、とりあえず『知っています』『できます』と言い切ることも大事だ」と言う。インド人は「私はあれもこれもできる」とアピールすることが多い。そこで日本人の謙遜を見せていては、まとまる仕事もまとまらない。まずは自分に関心を持ってもらった上で、あとから情報や知識を得て相手にフィードバックしていく。そうした細かな努力を続けることで仕事相手の信頼を得られたという。

ここまで、グローバルで活躍できる人のマインドについて述べてきた。

日本でもアジアでも、仕事において大事なことはそう変わりはないが、アジアではより個人の魅力や決断力が重視されるために「会社の看板を外して仕事をする」「トップや優秀な外部の人と仕事をする」「意思決定のスピードを速くする」などを意識するとよいだろう。また、日本人は総じて「言葉にしない」傾向があるので、意識して自分の意見を言ったり上手に伝えたりすることを心に留めておきたい。

コラム 会議に見る日本と世界の違い

六五ページで紹介した「アジア21 ヤングリーダーズサミット」でのことだ。デリーで開かれたこの会議には一五〇人の参加者が集まり、アジアの経済・社会などさまざまな議題について三日間議論することになっていた。

この会議では、「大きなテーマについて話し合う場をどうつくるか」ということを考えさせられた。

会議は英語で進行された。「国際会議が英語で行われるのは当たり前だろう」と思われるだろうが、私が以前出席した日本開催の国際会議では、同時通訳は入るものの、進行は日本語をベースにして進められていた。会議の合間の雑談なども日本語になりがちで、出席したシンガポール人やインド人などは「話に参加できないことが多い」と不満を漏らしていた。一方、今回の会議は進行も雑談も完全に英語だ。「英語〝で〟進行する」ことと「英語〝で〟進行する」ことには大きな違いがあることを体感した。

会議の進行方法も異なっていた。

日本の国際会議ではスピーカーやパネリストは事前に決まっており、話す内容もおおよそ決まっている。当日は質問時間があるものの、そう深いやりとりはできないことが多い。

それが、今回の会議はすべてがライブ感覚だった。たとえば、「各参加者が持ち寄ったプロジェクトのうち、興味のあるものに参加して議論する」というセッションがあった。私は香港の投資銀行で働く人が発表した「貧困層の学生にトップレベルの教育を受けさせるプログラム」に興味を持ち、そのグループに参加した。はじめて会うメンバー同士だが、そのプロジェクトに興味を持つ人が集まっているのでアイデアはどんどん出るし、共感が広がる非常に刺激的な時間となった。会議全体に「その場の雰囲気や偶然から生まれるものを楽しむ」という空気が満ちているのだ。

さらに、そうした偶発を呼ぶためのしかけも施されていた。

たとえば、朝のセッションがはじまるときには、インドの「ボリウッドダンス」のダンサーがステージに立って、皆で一〇分程度ダンスをして体を動かしてから会議を開始する。音楽や踊りが溢れ、会場はいつも笑いとリラックスしたムードに満ちていた。今回の会議のテーマのひとつである「アジア社会における次世代女性リーダー」という議題を話し合ったあとには、一般的な男女の役割を逆転させた設定でちょっとしたスキット（寸劇）が演じられたりもした。

こうした多様な人が集まる場から、いかに新しいアイデアを生み出すか。日本の国際会議や企業の会議のやり方にはまだまだ工夫する余地があると感じた体験だった。

第4章 言語と商慣習の体得法

前章までに、自分の「在り方」を確立し、マインドを深めることの重要性を述べてきた。この章では実際にアジアで働くスキルに触れてみたい。スキルを、マーケティング・会計・ITなどの「ハードスキル」とコミュニケーション面の「ソフトスキル」に分けて考えてみると、ハードスキルは個々人の仕事によって重要度が大きく変わってくる。ここでは、誰もが共通して必要となるだろうソフトスキルの部分、特に「言語」と「商慣習」の二つについて述べたい。

言語を体得する

外国で働くことを考えたとき、いちばん気になるのは言葉の問題だろう。

日本企業で働く場合でも、アジア人の同僚とのコミュニケーションや日常生活などでは英語やその国の言葉が必要になる。多くの国でビジネスの公用語は英語だが、アジアにおいては華僑とビジネスをすることも多く、その場合は中国語が話せると親密な関係を築きやすい。また、現地の国の言葉で伝えることで、その国に対する真剣な姿勢を伝えることもできる。

二カ月サバイバル──私の場合

言葉を体得するためには、「現地に飛び込む」ことが最短だ。行ってしまえばなんとかなる、無責任なようだがこれも事実だ。

私自身、大学に入るまで大阪を離れたことがなく、英語は学校教育で習っただけ。もちろん帰国子女でもない。英語もそうした状態でアメリカに留学してから学んだが、中国語に至っては留学前に学んだことすらなかった。留学前に知っていた言葉は「ニーハオ」「シェシェ」の二語だけだ。

アメリカの大学院に留学しているとき、卒業の条件に「インターンシップの経験」があった。それなら興味のある中国で働こうと、紹介で北京にある日系企業でインターンシップの口を得た。とはいえ、当時の私は中国語がまるでできないのだから、たいした仕事ができるわけもない。インターン先の会社は日本人の総経理（社長）以外は全員中国人。英語が少し話せる中国人社員が一人いたので、彼女のもとで税関における貿易関係の書類のやりとりを見せてもらう日々だった。

日本人トップは忙しくてほとんどオフィスにはおらず、私はオフィスにいるときは中国語を話さなければ同僚と会話すらできない。最初は同僚たちの飛び交う声に「この人たちはケンカでもしているのだろうか？」とおののいていた。

当時の北京の通勤事情も厳しく、庶民の足であるバスはいつもすし詰め状態。当然冷房などないので、真夏の暑さとむせ返るような臭いで立っているのがやっとだった。

インターンをはじめてから数日後、突然激しい腹痛に襲われた。食欲もなく、一週間は水とおかゆで過ごした。ようやく起き上がり、アメリカから持ってきたジーンズをはくとストンと腰から落ちた。体重を量ってみると一週間で一〇キロ痩せていた。

それでも私は不思議と精力に満ち、「とにかくここで踏ん張るんだ」という気持ちでいっぱいだった。それほど中国という未知の世界の魅力に取りつかれていた。最初の「中国の洗礼」のような症状がおさまると、どんどん元気になっていった。

とはいえ、言葉ができないと日常生活も満足に送れない。

インターン時代は毎日同じ中華料理屋に行っていた。この店、味はよいのだが、地元のなじみ客がほとんどなのでメニューがない。私が行くときは客が少ないことが多く、いくつか知っている料理の名前を言ってみるもののまったく通じない。四つ、五つ言ったところで「ああ、麻婆豆腐ね」とやっと通じる。それから一週間は、毎日麻婆豆腐を食べ続けることになった。会社でも、同僚に「チーファン？」と言われるのだが、この意味がわからない。身振り手振りを交え、漢字を書いてもらい、ようやく「ああ、お昼を食べようって言っているのか」とわかる。「ツォスオ（トイレ）」「ドゥオシャオチエン？（いくらですか？）」など、知らないと日常生活を送れない言葉からとにかく暗記していった。

そんな風にして二ヵ月が過ぎた頃、ようやくインターンの仕事にも慣れはじめた私は「きちんと中国語を習おう」と考えて、北京語言学院（現・北京語言大学）の夏期講習に参加した。「最初に自己紹介をしてください」と言われた私は「私の名前は九門崇です。中国に来て二ヵ月で、中国語を習うのははじめてです。私の趣味は……」といったことを話し、そしてふと思った。

「あれ、今、中国語話してる……」

二ヵ月のサバイバルの中で、いつの間にか最低限の言葉が身に付いていたのだ。

そんな経験から、語学は事前準備ができればそれに越したことはないが、本当の意味でほかの国の言語を習得するためには「緊急性と必要性」を肌身で感じることに勝る手段はない、と考えている。日本人はまじめに練習するのが好きだが、練習だけで本番がないのでは意味がない。テニスだって素振りをしているだけでは実際の試合で勝つことはできない。下手でも笑われてもまずは試合の舞台に立ち、試合の緊張感や自分の弱点をリアルに身体に刻み込むことが重要だ。語学もそれと同じなのだと思う。

メンタル面のバリアを外す

以前、研修の一環としてある企業の二〇代の社員たちに英語を教えたことがある。その研修は「日本語を読み上げ、その場で英訳して話してもらう」というワークを繰り返し行うプログラムだった。受講者からは「自信がない」「文法を間違えていないかが気になる」という声が多く上がった。しかし「あまり時間を置かずに英語を話す」ことを繰り返していくと、多少文法や単語が間違っても意味が通じることがわかる。すると彼らのやる気は高まり、次第に自然に英語を話すようになっていった。

語学を習得するときは、こうした方法でメンタル面でのバリアを外すことも大切だ。特に日本人は「きちんとした言葉を話さないと」という思い込みを持っていることが多い。

英語に限って言えば、一歩海外に出れば各国でさまざまな英語が話されている。そもそも英語は母語とする人口よりも第二言語として使っている人口のほうが多く、世界の英語人口の七割は非ネイティブだ。アジアにおいても、欧米の植民地であったインド、シンガポール、フィリピンなどでは流暢な英語を話す人がいるが、それ以外の多くのアジアの人は各国の訛りや特徴をもつ「アジアン・イングリッシュ」を使っている。そして、そうした人を見ていると、語学力そのものよりも、積極的に伝えようという意欲やそもそも話す内容を持っていることが大事だ、という当たり前のことを痛感する。

グローバル企業で活躍する日本人に「英語がネイティブでないことで不利になったことは？」と質問したことがある。その返事は「特にない。私の英語は年々下手になっているよ」という冗談交じりのものだった。その方は続けて「私がビジネスで使っているのは文法的には中学三年生以下のレベル、単語でも高校一年生程度だね。それにいくつかの専門用語を知っていればビジネスとしては十分だ」と言った。

日本人は必ずしも英語を「話せない」わけではなく、間違えるのを恐れて「話さない」だけであることが多い。そのメンタル面のバリアを外すためには、前に述べたようにアジア圏をはじめとした海外に行ってそこで話されている英語を聞いて話してくる、というのもひとつの方法だろうし、学生であれば留学生が集まるサークルに行って話してみるのもよいだろう。社会人でもそうしたコミュニティはいろいろある。結局、バリアを外し、どんどん話した人から上手になっていくのだ。

語学学習は「順番」が大事

「現地に飛び込んで話すことが大事」といっても「そんなすぐに現地に行けない」「言葉ができないと赴任させてもらえない」といった人もいるだろう。ここでは、私なりの語学の習得法も紹介したい。

語学の習得には「読む」「書く」「聴く」「話す」という四つのスキルがあるが、日本人は、「読む」「書く」はそれなりにできるものの、会話の部分である「聴く」「話す」を苦手とするケースが多いようだ。私がお薦めするのは次のような順序で学ぶことだ。

（1）ひたすら聴く（インプット）
（2）声に出す：聴いた文章を真似して発音する（余裕があればさらに「書く」）
（3）意味を理解する：文章・単語の意味を、辞書を引いて理解する

（4）誰かと話す（アウトプット）

（1）と（2）を繰り返し、ある程度「聴ける」ようになったら（3）に進んで意味を理解する。その後に（4）に進んで実際に話してみる。

「語学学習がうまくいかない」という人は（2）の「声に出す」と（3）の「意味を理解する」の順序が逆になっている場合が多いようだ。

「意味を理解し」→「文章をつくって声に出す」という順序ではなく、文章まるごとを意味がわからないままに、ひとまとまりの音として何度も声に出す。文法や全体の意味にとらわれ過ぎると言葉のリズムがわからなくなってしまう。洋楽を聴くときにすべての単語の意味を理解しようとする人はいないだろう。語学も同じことだ。

英語でも中国語でも、日本語にはない音やその高低をつかむことが重要になる。（2）の過程で、それぞれの言語の独特のリズムや音程が口の筋肉に叩き込まれるまで何度も繰り返す。そして、だんだん聴いて同じ音を出せるようになってきたら（3）で意味を確認した上で（4）に進み、ほかの人からフィードバックを得る、という順番を意識するとよい。

口の筋トレをする

私が「声に出す」ことを重視するのは、語学習得における「口の筋肉」の重要性が見落とされがちだと考えているためだ。日本語はあまり口を動かさなくても話せるが、英語や中国語はきちんと口を動かし、的確な音を出さないと伝わらない。ここでは、日々「筋トレ」をして「英語口」や「中国語口」をつくっておくことが必要だ。実際、中国にいるときには日本にいるときよりも英語が話しやすい気がしていた。今思えば、日本語より音の数が多いと言われる中国語を話しているので口の筋肉が動きやすくなり、英語の音が出しやすかったのだろう。逆に、日本語に慣れて口の筋肉がスムーズに動かなくなると、英語も中国語も言葉が出てこなくなる。

私は英語を勉強しているときには、好きな洋楽を歌詞を見ながら歌っていた。これが英語のリズムやイントネーションをつかむにはとてもよい訓練だった。好きな曲だから覚えるのが楽しいし、歌詞の意味が理解できなくても、とにかく発音やリズムを学ぶという意識で続けられる。意味がわからなくても、外国語を発音して口を動かす練習をしていれば、だんだん言葉が口から出てくるようになる。だまされたと思って試してみてほしい。

楽しく続けるための「習慣化」

日本にいるときに語学学習を続けることが難しいのは、前項で述べたような「必要性と緊急性」に迫られることが少ないためだろう。日本のメーカーに勤務していたIさんは上海駐在を終え、日本へ帰国するタイミングで退職して中国でビジネスを続ける道を選んだ。日本にいるときからアジアで働くことを考え、中国語と英語の両方を勉強していたが、「なかなか本気で勉強するモチベーションをつくれなかった」と言う。Iさんは二ヵ月に一度は中国に行くことで、自分に語学力のプレッシャーを与え、以後の語学を学ぶモチベーションにしていたという。

Iさんのように現地に出向くのが難しいのであれば、日常で語学学習を習慣化する工夫をしてみよう。具体的には日常生活に語学学習を組み込む方法を考えるとよい。

まずは、毎日の自分の生活リズムを考えてみよう。朝起きて、テレビを見ながら朝食を食べ、電車で一時間かけてオフィスに通勤する。帰宅時も一時間電車に乗り、寝るまでに一時間ほどテレビを見る……。これはわりと一般的なビジネスパーソンの一日だろう。このうち「ながら時間」を活用できる場面を考えてみる。

【朝食と通勤時間】

私の友人の「習慣化」を紹介しよう。まずは朝食を食べながら音楽を聴く感覚で「ESL Podcast」という一五分程度のポッドキャストによる英語教材をかける。これは、日常生活のトピックスや有名人に関する話題がはじめはゆっくりとしたスピードで、その後解説をはさんで、最後は通常のスピードで再度流れるという構成になっており、有料でテキストをダウンロードすることもできる。教材を聞いたあとに一〇分程度声に出して読み上げる。その後、片道一時間かかる通勤電車の中でポッドキャストを再度聞いて復習する。こうすることで、通勤前の三〇分と通勤中の往復二時間、あわせて一日二時間半というかなりの時間を英語の勉強に使うことができる。あまり気が乗らないときには無理せず、好きな音楽を聴いたりして、無理なく英語に触れるようにしているそうだ。

【海外ドラマ】

別の友人の場合は「テレビ視聴時間」を英語学習にあてている。夜や土日に見ていたテレビを海外の連続ドラマに変えたのだ。ＤＶＤや衛星放送やケーブルテレビで放送している海外ドラマを「日本語の字幕付き→英語のキャプション付き→字幕なし」という順番で序々にハードルを上げて見ていく。

私も海外ドラマはずいぶん語学学習に使った。法廷物や医療物など専門用語が多いものよりはドラマ系のものがいいだろう。今は長編シリーズの連続ドラマも多く出ているので、気に入ったものに出会えば長く学び続けることができる。

【スピーチ】

私が今でもよくしているのは、素晴らしいスピーチやプレゼンテーションを使って学ぶことだ。オバマ大統領のスピーチは文法などだけでなく、話の組み立て方や易しい単語を繰り返し使って頭に残るようにする手法など、プレゼンテーションの勉強にもなる。世界のリーダーが話している英語を聞くということでは、スイスで開かれるダボス会議のスピーチ集を集めた教材などもお薦めだ。

最近ではインターネットでさまざまな教材を無料で手に入れることもできる。有名な経営者や有名人が集い、魅力的なスピーチをするTED（Technology Entertainment Design）のウェブサイトでは、スティーブ・ジョブズやビル・ゲイツをはじめ、世界の経営者や有名人のスピーチを閲覧することができる。

【スカイプレッスン】

ネットを使った、格安の英会話レッスンを取り入れている友人もいる。曜日と時間を決めて、フィリピン人とスカイプを使って三〇分間リアルタイムで英会話レッスンを受けるのだ。曜日と時間を決めて事前に予約しておくことで緊張感が生まれ、相手のいるサービスなので勉強を続ける強制力がある。フィリピンは英語を公用語とする国であり、かつ人件費が安いため、多くのサービスが生まれている（詳しくは巻末資料を参照）。

【ゲーム化する】

かつて私はゲーム的な要素を取り入れて日常生活の中で英語の勉強をしていた。たとえば自分の部屋にあるものを片っ端から英語にしていく。「本棚」「目覚まし時計」「スピーカー」……。そうして単語を覚えてきたら、今度は日常の場面を「これが英語だったら」と想定して、そこで必要になる言葉を考えてみる。たとえば、サンドイッチチェーンの「サブウェイ」に行ったら、その注文を英語ですることを想定してみる。「パンの種類、野菜の種類、多くしたいものと減らしたいもの、パンをトーストするか、追加の調味料、ここで食べるか持ち帰りか……」といった細かいオーダーを英語に置き換えて考える。出張でホテルに滞在したときにトイレが壊れていれば、フロントに苦情を言う際にも「これを英語にしたら……」と考えてみる。こうした小さなゲーム的要素を取り入れることで楽しみながら学び続けることができる。

現地のビジネススクールへ行く

ある程度の時間と資金があればアジアのビジネススクールでMBAを取得する、という方法もお勧めだ。

アジアでは多くの大学で英語による授業が実施されており、ハーバード・ビジネス・スクール（HBS）をはじめ、欧米の大学と連携したプログラムも多い。HBSはさまざまな中国の大学と提携した企業幹部育成プログラムに注力しており、上海のトップ校である復旦大学、北京大学のビジネススクールである光華管理学院、欧州委員会（EC）が設立に関与している中欧国際工商学院（CEIBS）などのトップ校と提携したプログラムを実施している。授業は英語・中国語の同時通訳付きで行われる。

前に紹介したシンガポールでITコンサルタントをしている岡秀樹さんは、シンガポールで生活する中で言葉の壁を感じ、「これを克服しないと本当にグローバルに働くことは難しいのでは」と考えた。「現地の英会話学校に行く」などの選択肢も思い浮かんだが、ビジネススキルと語学力が同時に高められる、という理由から現地のビジネススクールへ通うことにした。費用は一年半で二・二万シンガポールドル（約一二〇万円）と欧米のビジネススクールに比べてずいぶん値ごろだったという。

コラム

ある中国人の英語勉強法

私の友人である三〇代の中国人企業経営者、Mさんの英語勉強法を紹介しよう。

私が彼とはじめて会ったのは香港で開催されたグローバル研修の場だった。彼の英語は流暢でかつわかりやすく、内容も的確だった。私は「彼は留学経験があるのだろう」と思っていたが、あとから聞くと「英語は自己流で学んだよ」と言う。驚いた私はその勉強法を聞いてみた。

彼の勉強法は二つ。

ひとつめは中国では有名な「瘋狂英語（クレイジー・イングリッシュ）」というも

のだ。これは李陽(リー・ヤン)という人物がはじめた英語習得法で、その教授法の大きな特徴は、英語を話すマインドのバリアを外すために「人前で英語を大声で話す」というものだ。あまりに突飛なために中国でも賛否両論があったが、その話題性は抜群で、提唱者のリー・ヤンの活動がドキュメンタリー映画になったほどだ。Mさんによると、クレイジー・イングリッシュの考え方の基本のひとつが「口の筋肉を鍛える」。Mさんもふだん使っているのとは違う筋肉を鍛えるために、毎日英語のテキストを声に出して読んでそれを録音し、自分で聞いてチェックすることを三年間続けた、という。

二つめは「イングリッシュ・コーナー」と名付けた英語の勉強会だ。Mさんは自分と三人の友人でこの勉強会をはじめた。「最初は中国人同士で英語を話すことに抵抗があった」というが、だんだん友人が友人を呼び、仲間の輪が広がり、ビジネスの人脈形成にもつながったという。

まずは口の筋肉を慣らし、その後に文章を覚え、あとはひとすら話す機会を増やす。私のやり方も彼のやり方も基本は共通している。

Mさんは外資系企業勤務時に英語でコミュニケーションをとっていたため、同僚のスイス人と仲よくなり、彼をパートナーとして香港で起業することになったのだ、という。

「英語を話せることで仕事の機会が広がった」とMさんは振り返る。

商慣習を体得する

私はよく日本人のビジネスパーソンから「アジアでビジネスをする際の商慣習」について聞かれる。習慣や価値観はそれぞれの国で異なるし、ビジネスの業界などでも大きく異なるため、ここに共通した答えはないのだが、ひとつだけ言えるのは「日本や日本人の常識をそのまま持ち込むとうまくいかない」ということだ。「常識ではこうだ」という点に意識を置くのではなく、今、自分の置かれた立場で何を成しとげる必要があるのか、そのためには具体的に何をすればいいのか、という視点から考えることが重要だ。

中国ビジネスの三つのポイント

一例として、私が長く仕事で関わってきた中国における商慣習について紹介してみたい。中国や華僑の人とビジネスをする場合には「面子（ミィエンズ）」「関係（グアンシ）」「契約書」という三つの要素が重要になってくる。

（1）面子

ひとつめのポイントが「面子」である。日本でも「面子《めんつ》をつぶされた」といった言い方をするが、中国人にとっての面子はそれよりもはるかに重いものだ。たとえば、会社で部下の中国人がよく遅刻をすることがあったとしよう。この場合、遅刻した部下を他の社員の前では注意しない、というのが基本だ。皆の前で注意された社員は「面子をつぶされた」と感じ、その後の人間関係が大きく悪化する可能性が高い。この場合は個室などに呼んで注意する。

中国でビジネスしている人から「中国人とのコミュニケーショントラブル」について聞くことがよくあるが、よく事情を聞いてみると、中国人の「面子」の意識を理解しないことから起きたケースもある。

たとえば、人材教育系ビジネスを行う日本企業のSさん（日本人）は、中国企業の社員であるZさん（中国人）から研修を受注した。日本から講師を現地に送ることになったが、多忙だったSさんはその付き添い役を部下に頼んだ。

しかし、すぐにZさんから、「私はほかでもないあなたに仕事を発注したのに、あなたが来ないとはどういうことだ」という怒り心頭に発した連絡が来た。驚いたSさんは「私が行かないとダメだったんですか？」と聞いたところ、Zさんはますます態度を硬化させ、二社の関係は険悪になってしまったという。ここで、Zさんは「Sさんが来ない」という事実よりも「自分の面子をつぶされた」という気持ちから怒っていることに気づけば、Sさんのフォローのやり方も変わってきたのではないか。

私自身も面子によってトラブルになりかけたことがある。

中国である調査をしたときのこと、政府関係者へのヒアリングが必要になり、知人である中国人のLさんにその調整を依頼した。Lさんは気さくに「任せてください」と言い、実際に約束を取り付けてくれた。その後、私の予定が急遽変更になったため、Lさんを通じて時間変更を依頼したところ、彼は血相を変え、「あなたは私の面子をつぶす気か」と激高したのだ。ふだんは温和なLさんの変貌に驚いた私は、なんとか時間を調整して事なきを得たが「これが中国人の言う面子なのか」と強く印象に残る出来事だった。その後、これ以上Lさんの感情を害さないために別の中国人に「このあとのフォローはどうすればいいのか」と聞いてみると、「Lさんには、『素晴らしい方を紹介してくれてありがとうございました』と一言入れ、政府関係者からもLさんに『よい取材だった』と一言入れてもらうように働きかけるとよい」と教えてもらった。

中国でのビジネス歴の長い某アパレル系メーカーの日本人総経理(社長)であるDさんは「ビジネスパートナーの面子をつぶさないためにいろいろ工夫している」と語る。Dさんは中国におけるビジネスパートナーに月に一度、売上状況や資金返済などについて確認している。だが、直接的に「報告を上げてくれ」というのではなく、別件の電話のついでのように確認したり、手土産を持って会いに行ったり、飲みに誘ったりした際に「あの件どうなっているかな」とさりげなく聞くようにしているという。あるいは「この案件について弁護士が問い合わせてきているが、この解釈でよいのだろうか?」と第三者の存在を使って相手の意見を聞くかたちにすることもある。こうした細かい配慮をせずに直接的に確認をすると、相手は「私を信用していないのか」「面子をつぶされた」と受け取ってビジネスに支障をきたすのだという。

「そんな面倒な」と感じられるかもしれないが、中国に行けば、「自分は『面子を重んじることが常識の世界』で仕事をしている」ととらえることが必要だ。相手の「常識」に配慮しなければ、自分の要求を通すこともできない。その過程を楽しむことが海外で働くことの妙味でもある。

(2) 関係

中国ビジネスで重要な商慣習のポイントの二つめは「関係」をつくることだ。特にアジアに多い華僑はこの「関係」をことのほか重視する。

友人のシンガポール人の女性から聞いた話だ。

彼女は現地の高校を卒業後、政府から国費奨学金を得てハーバード大学に留学し、その後、帰国してシンガポール政府で働いていた。アメリカでの明快な議論に慣れていた彼女は、あるときの会議で年配の上司に対して「その考え方は間違っていると思います」と発言し、その後に建設的な提案をした。しかし、彼女の意見はまったく受け入れられなかったばかりか、あとから「あいつは礼儀を知らない」と陰口を叩かれるようになった。悩んだ彼女が現地の友人に相談したところ、友人は「正しいか正しくないかという前にシンガポールでは上下の関係をとても重んじる。その関係を無視して意見を言っても決して受け入れられないよ」と忠告された。

彼女はその後、何か意見を通したいことがあれば、事前にキーパーソンと話をしたりランチを一緒にしたり、取引先には旧正月の時期に電話で挨拶をしたりなど、個人的な関係づくりを意識的にするようにしたところ、格段に仕事がしやすくなったそうだ。彼女は「あの一件は大きな教訓となった」と言う。

関係を結ぶために、中国ビジネスでは初対面のときに出身地、出身大学、前職などを細かく聞かれることが多い。「給与はどれくらいもらっているか」「結婚しているか」「付き合っている相手はいるのか」など、プライベートなことを聞かれることもよくある。これは「よりあなたのことを知って仲よくなりたい」という意思表示なので、できる範囲で誠実に答えておけばよいだろう。

さらに、相手の身なりや行動から判断される割合が日本よりも大きいことにも気をつけたい。上海の日本企業で働くWさんは「服装、話し方やマナーなどから判断されることは多い。服装なら靴やカバンを中心に見る。ワイシャツのボタンがとれていたり、かけ間違えていたりする人はだらしがないと思われる」と言う。

中国においては個人と個人の関係をつくるために、食事をともにしたり、直接関係ないミーティングでも声をかけたりするなどの配慮をする。

また、関係をつくる上では「あいだに誰かに立ってもらう」ことも有効だ。たとえば、日本と中国双方について理解の深い台湾人パートナーを通じて関係を構築する、という方法もある。私は以前、台湾企業と日本企業のアライアンスをサポートする仕事に携わっていたことがあり、多くの台湾人経営者や起業家と話す機会があった。彼らは中国本土の文化を理解しており、「普通話」と呼ばれる標準語を使ってコミュニケーションをとることができる。台湾のＩＴ企業の中には「公関」部門というＰＲ部門をもち、元マスコミや雑誌編集者が広報を担当するとともに地元政府機関との親密な「関係」構築をも担当するところもあった。政府役人の誰が出世しそうか、誰がキーパーソンになるか、巧みに情報収集しているのだ。

こうして関係が深くなると、中国人の大切にする人脈ネットワークである「圏子（チュエンズ）」に入れてもらうことができる。圏子とは、地縁、血縁、友人関係などをベースにしたネットワークであり、出身地や出身校、仕事などさまざまなベースを持つものがある。圏子の一員になることではじめて中華圏の社会で一目置かれ、情報や人脈を共有する仲間として認められる。それぞれの圏子ごとに付き合いの濃淡があり、ある種の目的を持った集まりなのでお互いの強みやある程度の価値観が合わないと関係を維持することが難しい。仕事での出世やインパクトのある成功体験を積み重ねることによって圏子内で尊重される度合いが変わってくる。要するに「この人はこうした強みがある」と認識されていることが重要であり、中国ではどの企業に属しているかよりも、こうした業界内での個人の実績と評価、もしくは出身地、学歴、仕事などを起点とした情報網などの個人のネットワークが評価されるのだ。

前に紹介した日中間のビジネスコンサルティングを手掛ける草野さんは、中国での駐在経験に加え、アメリカ留学時に中国人や台湾人と仲良くなったことから長く中国で生活してきた。その草野さんでも、「自分の〝圏子〟ができたと思えたのは、中国に関わって一五年ほど経ってからのことだ」と語る。

日本人にはなかなか理解しにくいこの「関係」と「圏子」だが、中国や中華圏でインパクトのある仕事をしようと思えば、避けて通れない要素となるはずだ。

（3）契約書

中国の商慣習の最後のポイントとして「契約書」について触れておきたい。少し前までは「中国は面子と関係が大事だから、契約はあまりビジネスに影響しない」と言われてきた。確かに中国においては、契約書を交わしたからといって、必ずしもその内容がその通りに守られるとは言えない。中国人の考え方は、「契約で決まっていたとしても、変化に合わせて柔軟に対応していくほうがよい」というもので、欧米のビジネス文化にある「契約は絶対」という感覚は通用しない。まずは関係を構築し、まめに情報を共有し、進捗をチェックすることがトラブルを未然に食い止める方法となる。

そうした一方で、中国は日本人が思う以上に契約書社会の国でもある。中国人とビジネスをするときに「お互いの信頼関係があるんだから、いちいち文書にしないで進めましょう」といった対応をしていると、あとからトラブルが起きるもとになる。大手商社で長く中国に駐在していたTさんは「契約社会である欧米ビジネスと同様に契約書を取り交わすことが大事」という。Tさんは「日本企業が中国で契約を結ぶ際には、日中両文を併記することが多いがこれはよくない。お互い自分の言語の部分だけを読んで都合よく解釈するからだ。英語で文面を作成してお互いの解釈を揃えておくといい」と続ける。

それでも、中国の法律実務家によると、契約書がらみのトラブルはたびたび起きているようだ。

たとえば、日本企業が中国企業に販促費として一定のコミッションを支払っていたところ、ある日、地元の工商行政管理局から「商業的な賄賂に該当する」として罰金を支払うように通知された。その理由は、中国では販促費等の支払いの際には契約書にその根拠を規定しなければならず、そうでないと賄賂とみなされる規定があったためだ。実際に契約書に記載がなかったためにその罰則を受け入れるしかなかった、という。

また、別の日本企業では、中国企業への製品販売にあたって相手企業の購買部長と交渉し、条件を妥結して互いに契約書に署名をした。それが、ある日を境に支払いがされなくなったため、相手企業に督促したところ、「購買部長が辞めたこと」を理由に支払いが拒絶された。その購買部長には契約を締結する権限がなく、取り交わした契約書も会社印がなく無効である、というのが相手側の主張で、日本企業は提訴も考えたものの敗訴する可能性が高いとのことで断念したという。

前述のTさんは「トラブル防止にはとにかく慎重に契約書を精査すること。ただし、日本人は対立や法廷での決着を避ける傾向があるが、中国に出ればそうしたことは日常茶飯事。必要以上に対立を恐れていては仕事にならない」とも言う。

社員との関係の中でも契約書は大事だ。

中国で起業した二〇代の日本人経営者は、社員が毎日のように遅刻するので、「遅刻をするな」と何度も注意したものの一向に直らない。そこで、労働契約書に「遅刻したら〇元の罰金を徴収する」という文言を明記するとピタリと遅刻しなくなったそうだ。以後、その会社ではどんな細かい業務でも必ず書面にして残すことを心掛けているそうだ。「あまり細かくルールをつくるとモチベーションが下がるのでは」とも思われるが、中国では管理には公正な原理原則が必要であり、かつ権限ある人が定めたルールは守る、という意識があるので、透明性を高め、文書化したかたちで契約書や社内規則をつくっておくことが有効だという。

トラブル対処法

「面子」「関係」「契約書」は、私が長く関わってきた中国や中華圏でのビジネスの要点だが、ほかのエリアでもそれぞれの商慣習の要点を探しながら仕事を進めることが必要になるだろう。

アジアの新興国でビジネスをする場合は、日本では考えられないようなトラブルが起こる。もちろんビジネスをしていく限り、こうしたことは避けて通れないが、少しの工夫で避けられることもある。起こり得るトラブルとその対処のヒントについて事例を基にしてまとめてみよう。

【発想の違いを知る】

「仕事を発注したものの、納品されたものがこちらの想定とまるで違う」。そうしたことは日本で仕事をしていてもよくあるが、海外では相手の価値観や仕事の精度に関する基準が日本人とは大きく異なるため、成果物のイメージを具体的に説明し、すり合わせをしておくことがさらに重要になる。この作業を進める上では、相手の発想の傾向を知っておくことが有効だ。

たとえば、中国人は「大きなコンセプトを掲げる」ことを好む。中国に海南島というリゾート地があるが、現地の人はここを「アジアのハワイ」と呼ぶ。日本人に沖縄を「アジアのハワイ」と表現する発想はあまりないだろう。法律制定にしても、まずは大枠で「こういう法律をつくります」と発表してしまい、運用規則はあとから詰める傾向がある。日本人は「法改正はビジネスに多大な影響を与える」と考え、発表があればすぐに各所に問い合わせを入れるが、中国においてはそのタイミングでは政府の人間でも詳細がわからない、というのが実際のところだったりする。

【入念に確認する】

私の友人のSさんから聞いた話だ。

日本人の彼女は中国人と日常的に仕事をしている。彼女が業務案内のパンフレットを中国語に翻訳する作業を中国人スタッフに依頼したときのことだ。「中国語にしておいて」と依頼したところ、翻訳されたパンフレットには「中国進出」と言う単語がそのまま漢字で掲載されていた。中国語で「中国進出」と表記すると「中国に入ったり出たりする」といった意味になってしまう。「これは中国人が読むのだから、『日本企業が中国でビジネスを行う』といった意味にしてほしい」と細かい説明をして事なきを得たが、こうした細かい行き違いは日常的に起きる。Sさんは「長く一緒に仕事をしてお互いわかったような気でいるときがいちばん危ない。どんな仕事も日本人同士の二、三倍時間をかけて説明するようにしている」と言う。

現地企業と仕事をする際には、こうした感覚の違いがあることを前提にしたリスク管理が必要だ。日本人は「こんなことまで確認していいのか」と遠慮しがちだが、ここではしつこいくらいにすべきだ。

【スケジュール感の違いを知る】

日本人は時間を守って丁寧に仕事をすると述べたが、それは世界の標準ではない。中国の設計事務所で働いているKさんは、「政府関連の仕事はスケジュールに振り回されることが多い」と言う。前々から決まっていたプレゼンの日程が突然前倒しになったり、アポが直前にキャンセルされたまま連絡が取れなくなったりすることもあったそうだ。また、提案が通過したあとでたびたび変更の要求が来て、修正作業が延々と続くことも多いそうだ。

また、シンガポールや中国など多くのアジアでは、大きな商業施設をオープンするときにテナントがそれほど入っていない段階で「ソフトオープン」と称して一次オープンをしてしまうことがよくある。日本人としては「店舗がすべて揃ってからオープンさせるべきでは」と思ってしまうが、ほかの国ではこれでまったく問題がないらしい。私の友人が一大カジノとして有名な「マリーナベイサンズ」に行ったときも、オープン当初の店舗はガラガラでその後ぽつぽつと店舗が入っていったという。私がインドのムンバイで高級モールを視察したときにも、開店からしばらく経っていたにもかかわらずテナントは半分も入っていなかった。
こうした相手とのスケジュール感のズレをあらかじめ知っておくことで、トラブルを防ぐことができるだろう。

【書面に残す】

前章で登場した福山秀仁さんは「インドでは日本では考えられないトラブルがたびたびあった」と言う。

福山さんが日本のコンテンツをインドに導入しようとしたときのことだ。プロジェクトの概要が固まり、日本本社の合意もとっていよいよサービス開始が見えた段階のこと。協力先のインド企業から「このコンテンツはこちらのシステムと互換性がない」という話が飛び出した。ビジネスの根幹に関わる重要な問題であり、そこまでの半年間の打ち合わせではまったく触れられていなかったため、福山さんにとっては青天の霹靂だったという。インド企業の担当者に詰め寄ったが、相手は「私は伝えたはずだ」と繰り返すばかり。議事録などの客観的な記録がなかったために建設的な話し合いができなかったという。こうした重要な交渉においては、「合意した事項を書面で残す」「議事録をとってお互いに承認し合う」などの手段をとるとよいだろう。

インド人コンサルタントのパンダさんも「インド人はメモをとらないことが多く、重要な会議も筆記用具なしで来る」と言う。決定事項の骨子を文書で残しておくためには、ホワイトボードに決定事項を書いてその場で確認をとることも有効だ、という。

ただし、この確認作業も行き過ぎるとお互いの不信感を招く。かつてパンダさんが関わった交渉では、日本企業側が断りなくテーブルの上にICレコーダーを置いて録音をはじめ、それに気づいた相手のインドの政府高官が怒り出したことがあったという。政府高官は「日本人は日本人同士でもこうしたビジネスをするのか！」と問いただして態度を硬化させたため、交渉自体が打ち切られてしまった。

確認作業は重要だが、相手の信頼を損ねては元も子もない。人間同士の信頼関係がどんなビジネスでも基盤になることを確認しておきたい。

現地スタッフとの関係づくり

海外でスムーズに仕事をする上では、現地スタッフやパートナーとの良好な関係づくりが欠かせない。しかし、日本でのやり方をそのまま持っていくとトラブルになることもある。

台湾でビジネスをするFさんは、「当初は現地スタッフとの意思疎通に苦労した」と言う。たとえば、仕事でミスをした部下がいれば、日本であれば「飲みに誘ってアドバイスをして元気づけよう」という発想になるが、そうした習慣のない台湾で同じ手は使えない。Fさんは事務所の立ち上げ当初、スタッフの士気を高めようといろいろな社内イベントを開催したが、通常業務以外のことに時間を取られることに不満をもらす社員が多く、実際にそれを理由に退職するスタッフも出てしまったという。Fさんは「台湾人は仕事よりも家族や友人に重きを置く傾向があり、日本と同じ手法でマネジメントするには限界がある」と言う。

一方、中国でのビジネス経験が豊富なHさんによると、「部下自身やその家族に関心を持っていることを態度で示すことは重要」という。中国人スタッフの家族が病気になったといった情報があれば、その経過などをきちんと尋ねるようにしている。Hさん自身、家族に不幸があった中国人スタッフが休み明けで出社したとき、うっかりそのことに触れないでいたために周囲から「Hさんは冷たい」と非難された経験がある、と語る。

多くの国では、スタッフ同士が家族ぐるみで付き合うことも一般的だ。ホームパーティーなどに呼ばれたら、それは「あなたのことをもっと知りたい」という意思表示となる。結婚していればパートナーの同伴を求められることも多い。

政府との関係づくり

共産党一党独裁の中国をはじめ、アジアには政情がビジネスに大きな影響を与える国が多い。こうした国で仕事をする場合は、政府が発表する経済政策などはしっかりフォローし、信用できる取引先をつくって情報を収集する必要もあるだろう。

前出の中国で長くビジネスをしていたTさんは、「何かがあってから情報を収集しようとしても遅いので、関連分野の政府の担当者とはふだんから付き合いをもっておくことが必要」と言う。何もないうちからさらりと食事に誘い、何の質問も要求もせずに帰ってくることによって、相手に「何かあったときはよろしく」という無言のメッセージを送ることができるという。

とはいえ、あちこちの関係の政府担当者と関係を保つことも大変だ。Tさんは、「そうした場合は、〝キーステーション〟をつくっておくとよい」と言う。懇意の中国人をつくり、ゴルフをしたり旅行をしたりすることで関係をつくっておく。この〝キーステーション〟になる人は必ずしも自分の事業に関連している必要はなく、個人的に気が合って共通の趣味などを持つ人がよいという。〝キーステーション〟の人に「友達でこういう役所の人がいたら紹介してくれませんか？」と頼むと、自分のネットワークを使って適切な人を紹介してくれる。ふだんから友人関係を保つことで、紹介してくれる相手に自分のことをよく伝えてくれる効果もあるわけだ。

コラム

ロジカル・コミュニケーションの必要性

中国留学を終え、就職して二年目のことだ。

はじめての海外出張で、私はアメリカのワシントンD.C.とニューヨークに行くことになった。目的は「中国のWTO加盟のアメリカ企業への影響」について調査することだ。アメリカの大学院に行っていたとはいえ、英語でインタビュー調査をするのははじめて。同行者も通訳もいない訪問に私は非常に緊張していた。インタビューの相手は業界団体のトップやグローバル企業のエグゼクティブなど、そうそうたる面々だ。中でもいちばんの大物である元駐中大使に会う段になり、私の緊張は極度に達していた。ゆうゆうと現れた大使に私は「はじめまして」と震える声で言うのが精一杯。大使は「日本からようこそ。で、私に何を聞きたいのですか?」と答える。風格ある彼を面前に、私の頭は真っ白になってしまった。

「何か話さねば」という焦りから、「ええと、日本企業は中国でビジネスをしていますがあまり成功していないようです。アメリカ企業は成功しているようですが、今回は中国がWTOに入る可能性が……」と、まったく論点の定まらない話をはじめてしまった。

しばらく聞いていた大使はやがて私の話を遮り、「あなたの話では何が知りたいのかわからない。私にはあまり時間がないのです」と言い、インタビューは途中で打ち切られてしまった。「大物のインタビューを台無しにしてしまった」という思いで、私はしばらくショックから立ち直れなかった。

当時の私は「結論から話す」「細かな説明は時間に応じてあとからする」といったロジカル・コミュニケーションの基本がまったくできていなかったのだ。

この失敗のあとは、調査内容に関する仮説を立て、論点を紙に書き出す、といった準備をきちんとするようになった。

第5章 アジアにおける仲間&ライバルの素顔

前章までに、アジアで働く際に必要なマインドとスキルについて述べた。本章では、アジアで働くときの仲間やライバルとなるアジア人の若者の素顔を探ってみたい。日本人とはキャリア開発に対する考え方で異なる部分も多いため、そのキャリア観を知っておくことは大事だ。三人の若者を例にして、アジアのホワイトカラーの多様化するキャリア観を見ていこう。

三人の若者に見る多様なキャリア観

アジア人のキャリア志向については「競争意識と起業志向が強い」といった印象を持つ人が多いようだが、私が実際に見た範囲でもそう単純なものではない。

(1)転職を重ねてキャリアを積んで起業

中国の浙江《せっこう》省出身のMさんは、上海で中国企業に対して技術ライセンスを導入する手法をコンサルティングする会社を立ち上げた。二〇〇九年に設立したその会社は妹との共同経営で、Mさんはオーナー兼総経理という肩書を持ち、欧米の技術動向を見ながら業界の会議や発表会に出て自社のPRをしている。Mさんの出身地近郊の温州は歴史的に起業家を多く輩出している、日本で言えばさしずめ「浪速の商人」のような土地柄だ。

Mさんは地元の大学で自動車工学を専攻し、卒業後は深圳《しんせん》の専門学校での教職についた。しかし、教えるよりもIT技術に興味が出てすぐに転職、タイピストとして仕事をはじめた。タイピストを選んだのは、中国のどこでも働くことができ、かつ技術とソフト開発の管理スキルを身につけられると考えたためだという。ITマネジメントの仕事について経験やノウハウを蓄積し、二年後に再度転職してフランス系IT企業で働きはじめた。ここで英語で仕事をする経験を積み、三一歳で上海に移り、スイス系企業で働いたあとに起業した。よく「中国人は三〇歳までに三回転職する」と言われるが、それにぴったりの転職回数を経て起業している。Mさんは「アメリカ人のような早期リタイアなんて考えられない。ビジネスを成功させたら、中国の貧困削減のためにNPOで働くことも考えたい」と意欲を見せる。

（2）MBA取得後に香港で投資銀行へ

アメリカ留学時代の友人に、香港出身のリチャード・チョウさんがいる。

留学時代、ＭＢＡ取得を目指して財務を学んでいた彼は非常に優秀な成績を修めており、アメリカの金融機関などから多くのオファーがあった。私が彼に「どこで働くつもりなの？」と聞いてみると「香港に戻って働くよ」と言う。「高額のウォールストリートのオファーを蹴って香港で働くのはなぜか」とさらに聞くと、彼は反対に私に対して「タカシの就職先の給料はどのくらい？」と聞いてきた。「え、だいたいこのくらいだけど……」と答えると、「それは税引前？　それとも税引後？」とさらに尋ねてくる。私が「税引前だけど」と答えると、チョウさんは「香港で働くことにしたのは、所得税率が低いのが大きな理由なんだ。給料が多少安くても手取り額は断然よくなるからね」と涼しげな顔で答えた。

当時の香港の所得税率は一五％、対するアメリカは所得に応じて税率が変わり、彼のような高額所得者になれば三五％の最高税率が課される。「税引後の実際の所得」をシビアに考えて各国を比較する彼を見て、キャリアの選択といってもいろいろなものさしがあるものだと思った。

その後、彼は資産運用会社のアナリストとして香港でキャリアを積み、二〇〇五年から三年間上海に駐在した。ちょうど中国が発展する時期で、彼が分析する企業の多くが中国企業や中国進出企業だったためだ。その後、子どもの教育なども考慮して香港に帰任してアジアの成長株のアナリストとして働き、二〇一二年に退職。現在は今後のキャリアを考えつつ、家族と過ごす休暇を楽しんでいるという。今後の選択肢としては、これまで同様に金融業界で働く、大学院で研究する、自分のファンド会社をはじめる、といったプランを考えているそうだ。ビジネスチャンスに加え、自分や家族のライフスタイルを基盤にキャリアを考えていることが感じられる。

チョウさんをはじめとする華僑エリートは、卒業後も友人とのつながりをとても大事にする。以前、香港でチョウさんの結婚式が行われたときは、ニューヨーク・上海・オランダなど、世界各地からアジア系の友人たちが集結した。実際、華僑のあいだでは、人が媒介になってビジネスが進むことが多い。シンガポールで働いているときに北京にいる友人から「新しい仕事があるんだけど」と声が掛かり、それに応じてすぐに転職する、といったこともよくある話だった。

(3)官僚がビジネスを学び、社会貢献活動へ

シンガポール出身で、現在は北京の市場調査会社で働く三〇代前半のホイイ・リンさんは、祖父の世代に中国からシンガポールに渡ってきた華僑第二世代だ。

彼女はシンガポール国立大学を卒業後、シンガポールの通商産業省（MTI）に入省し、五年ほど中小企業政策などを担当した。その後、実際のビジネスを学ぼうと中国に留学した。中国で華僑である自分のルーツを知りたい、という希望もあったという。

現在、彼女が働く市場調査会社は世界規模でビジネスを行なっている。顧客も欧米を中心としたグローバル企業で、リンさんは彼らと中国企業や政府とのつなぎ役も果たす。彼女がリサーチの仕事を選んだのは、さまざまな産業を深く知ることで変化する中国市場をより広く知ることができるのでは、と考えたためだという。

彼女の長期的なキャリアプランは「社会的に意義ある活動」をすることだ。国際機関やNPOなどで働く、またはそうした機関にコンサルタントとしてアドバイスするキャリアを目指している。

実際に、既にリンさんはプライベートで夫と一緒にソーシャルプロジェクトの活動をはじめており、そのひとつに〝The Poverty Line（貧困ライン）〟という「写真を通じて

貧困への認識を向上させる」というものがある。これは、各国の「貧困ライン」とされる金額を使って現地でどれだけの食材が買えるかを調べ、その食材を撮影した写真を展示する、というものだ。それぞれの写真（次ページ、図⑧参照）には「What does it mean to be poor?（あなたにとっての貧困とは？）」という質問が付いている。

「貧困ライン」については世界銀行の「一日一・二五ドル以下で生活する人（二〇〇五年）」という定義があるが、そのほかに国別の基準もある。さらに彼女は「貧困の定義は国や個人によって異なるのでは」と考え、こうした身近な食材の写真によって見た人に貧困を自分ごととして考えてもらうこのプロジェクトを思いついたのだという。

図⑧／リンさんのプロジェクト（各国の貧困ラインで購入できる食材）

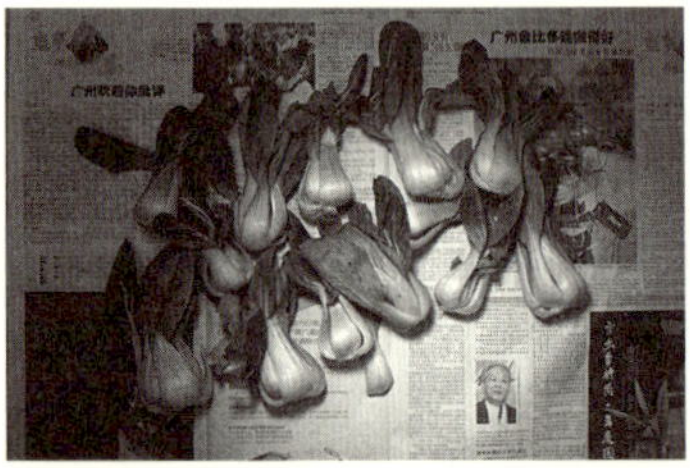

中国（チンゲンサイ）

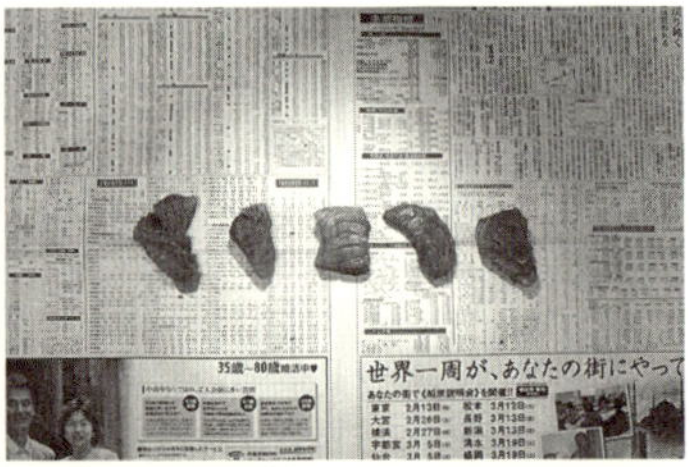

日本（マグロの切身）

マダガスカル（ししとう）

アメリカ（クッキー）

出所：The Poverty Line

三人の例から、アジアの若者の多様化するキャリア観、価値観を多少なりとも感じてもらえればと思う。

中国人若者のキャリア観

私が長く接してきた中国人について、各種リサーチの結果やインタビューに踏まえながら、彼らのキャリア観をもう少し紹介していきたいと思う。

「中国人はすぐに会社を辞める」「給与がよいところにすぐ転職する」というイメージを持つ日本人は多いが、実際のところはどうなのか。

人材紹介サイト大手の「中華英才網」が実施した「中国人大学生の就職希望先ランキング」調査（二〇一〇年）では、「理想と考える就職先の条件」を大学生に聞いている。第一位は「公平で透明性のある雇用原則がある」、第二位は「良好な人間関係」、第三位は「明確なキャリア発展の機会（がある）」というものだった。

私が注目したのは二位と三位の項目だ。就職先を選ぶにあたって「良好な人間関係」を重視しない人は少ないだろうが、中国人に聞くと、この「良好な人間関係」には「トラブルがあっても処理しやすい」「社員旅行があるなど大家族的な雰囲気がある」「一緒に働く同僚が優秀である」「価値観やライフスタイルが似ているメンバーがいる」などのさまざまな意味合いが込められているようだ。三位の「明確なキャリア発展の機会」は、将来のキャリアパスがはっきりしているということだろう。また、社内だけではなく業界内で広く通用するポータブルな能力を身に付けられることも重要な要素となる。

中国人はよく「発展空間」という言葉を使う。これは自分の成長、またキャリアアップの可能性がどれだけあるか、ということである。以前、上海の日本商社で働いていた中国人女性のOさんは、転職を考えたきっかけとして「〝快適な領域（コンフォートゾーン）〟を出なければならないと思った」と言う。Oさんは「前の職場は周りも皆いい人で働きやすかった」と強調する一方で、「だからこそ、今辞めないとタイミングを失うという危機感があった」と続ける。快適な環境に居続けると自分が成長できない、という考えに成長欲求の強さが表れている。

雇用環境とキャリア観

中国を含めた日本以外のアジア地域では、基本的に終身雇用制度はなく、勤続期間に応じて賃金が上昇する年功序列的な制度もない。働く側に「定年まで同じ会社で勤め上げる」という発想はなく、雇用契約書を交わし、それを年単位で更新して必要に応じて転職する、というのが基本的な雇用形態だ。日本で働いていると、規定された職務条件と実態との差を常に確認している人はあまり多くないかもしれないが、アジアにおいては「就職とは企業と個人の契約である」という考え方が根付いているので、契約書の内容に忠実に働く傾向が強い。結果として、担当外の仕事を断ったりあっさり転職したりなど、日本人から見ればドライに仕事と向き合っているように感じることもある。

キャリアの時間軸も日本人に比べるとかなり短い。キャリアアップのための転職は当然だと考えるしそのタイミングも早い。三〜五年ごとに転職を繰り返すのがふつうのキャリアプランだ。中国人の知人に「『長く勤めている、と言われたときにどのくらいの年数をイメージするか?』と聞いてみたところ『五年を超えたくらいかな』という答えが返ってきた。日本人に同じことを聞けば一〇年近い数字が返ってくるだろう。国ごとに平均勤務年数は多少異なるが、こうしたキャリア観や転職観はほかのアジアの国、さらには国際的にも一般的なものだ。

前述の上海で働くOさんは、勤めて三年目になるあたりで「本当にこの仕事をずっとやりたいのかを真剣に考えた」という。女性のOさんは、「中国では女性が結婚や出産を経て働き続けるのが当たり前。だからこそ、結婚や出産前に自分のキャリアの道筋を立てておきたいと考えて、転職に踏み切った」と振り返る。一生働き続けることを前提に若いときからキャリアを長期的に考えていることがわかる。

給与の考え方

キャリアと密接に関係する給与についての考え方はどうだろうか?

前述の中華英才網の調査によると、就職にあたって重視する項目において「給与水準が高い」は一六項目中一〇位となっており、中国人にとって就職先を決めるにあたって給与はそこまで優先的な条件ではないことがわかる。私がこれまで接した中国人から見ても「給与を重視する人」はいても、「給与が高ければどこでもいい」という人などいない。外資系企業で働く中国人に聞いてみると、「転職で給与アップを狙うのは当然」としつつも「給与は働く際の最優先の条件ではない。少なくとも一・五倍程度の給与を提示されなければ検討すらしないだろう」と言う。

中国でビジネスをするある日本大手メーカーに勤める人から聞いた話では、ライバルの中国企業が自社社員に対して二～三倍の給与を提示して引き抜きをかけてきた。そこで「どの程度の給与なら転職を考えるか」と社員にアンケートをとったところ、その回答の平均は一・八倍だったという。

皆さんは、他社から今の二倍の給与を提示されたらどうするだろうか？　今の日本では転職して給与が五割増しや二倍になることは、よほどの経験や専門的スキルがない限り難しいだろう。しかし、経済成長を続け、世界中から外資系企業が押し寄せる中国、特に都市部ではそれなりの経験やスキルを持っていれば、転職して給与が五割増になることも珍しくない。国有企業であっても欧米の外資系企業と遜色ない給与を提示する企業が少なくないのだ。中国人のキャリア観、給与の考え方を知るにあたっては、こうした雇用環境についても理解する必要があるだろう。

国有企業の人気上昇

ここまで中国人を中心とした働き方と価値観を紹介してきたが、これらも時代とともに多様性を増している。

先に述べた中華英才網が実施した「中国人大学生の就職希望先ランキング」調査では、

中国の大学生に「もっとも働きたい企業」を聞き、五〇社の名前が挙がっている。上位五社のうち四社は中国企業で、一位は通信事業の中国移動通信、二位はオンライン取引大手の阿里巴巴（アリババ）、三位は電機メーカーの海爾（ハイアール）、四位はマイクロソフト・チャイナ、五位は中国銀行という順になった。このランキングにおける中国国有企業の割合は年々増加し、二〇〇七年は五〇社中二五社と半分だったのが、二〇一〇年には五〇社中四〇社と八割に達している。これは先に述べた国有企業の給与増、充実した福利厚生や欧米系と比較したときの雇用の安定性などが人気の理由のようだ。欧米系企業はマイクロソフト、グーグル、P&Gなど世界的グローバル企業が数社入っているに過ぎず、日本企業に至っては一社も入っていない。

外資系企業は長らく金融・コンサルティング・ITなどの業界を中心に人気が高かったが、二〇〇八年に起こった米国発の金融危機以降、リストラや賃金削減などの問題で人気が低下しているようだ。

「八〇後」世代の考え方

これからの中国人を知る上で欠かせないのが「八〇後（パーリンホウ）」世代の存在だ。

「八〇後」とは、一九七九年の一人っ子政策が導入されてからの八〇年以降に生まれた若者世代を指す。この世代の若者は中国の経済成長とともに育っており、一人っ子として両親・祖父母の「六つのポケット」をもって豊かに育っている。上の世代と比べて物質的に豊かな環境で育ったことからより安定志向の傾向があるとされる。

私は以前、上海在住の大学生数人に対するインタビュー調査に同席したことがあるが、その中に「起業志向」についての設問があった。「八〇後」世代の回答者からは「国有企業や外資系企業などの大企業に勤めたい」という声があり、「起業はリスクがあるので避ける」という声も上がった。それまで接してきた中国人からその独立心の強さを感じていた私は、新たな世代の若者たちの意識変化に驚いた。

その一方で、組織から離れた働き方をする若者も増えつつある。

ある「八〇後」世代の中国人は、仕事を辞めて新しい職場が決まるまでのあいだフリーランスで働いたという。「九時から一七時までオフィスで仕事をする、という今までの仕事のスタイルに限らず、多様なワークスタイルができることを実感した。フリーランスのあいだに二つのプロジェクトに関わり、給与も会社員時代より増えた。自宅を仕事場にしており、自由な時間が増えたのもよかった」と言う。同世代にも、プロジェクト単位で仕事を請け負って働く人やフリーで働く人がいるという。

また、「富裕層や経営者の愛人になる」ことを目指す女子大生が増えたことが社会問題になったことがある。経済が急激に発展し、不動産や株で儲けた成金的な富裕層が現れた中国では、こうしたバブル期の日本を思わせる社会のひずみも生まれている。

以前の中国では考えられなかった現象だが、「八〇後」の台頭とともに、働き方や働くことへの価値観は急速に多様化している。

第6章 日本にいても進む「アジア化」

188

高まるグローバル人材採用熱

「自分は日本で働き続けるから、この本に書いてある内容は関係ない」

読者の中にはこのように思った方もいるかもしれない。だが、それは本当にそうだろうか？

ここ数年、「外国人を採用したい」と考える日本企業が増加している。就職情報会社のディスコの調査（二〇一一年八月実施）によると、二〇一二年度に外国人留学生を採用する意向のある企業は前年を上回り、ほぼ四分の一に達した。企業はなぜ外国人を採用したがるのか。大きな理由としては次の四つがあるだろう。

【(1)優秀な人材の獲得】

まず、「国籍を問わず、とにかく優秀な人材が欲しい」というニーズがある。

これは採用後には日本人と同じような処遇やキャリアをたどることが前提にある。外資系コンサルティング会社の日本法人では「日本人よりもモチベーションやスキルが高い中国人やインド人を採用する」という流れが出ている。日本国内でも外国人の頭脳を求める動きが強まり、日本人は彼らと限られた枠を巡って競争する時代になっている。

たとえば、各種ソフトウエア製品、システム開発などを行うドリーム・アーツ社は、社員八〇名のうち二〇名、四人に一人が外国人社員だ（二〇一一年時点）。外国人社員の出身地は中国が多いが、その他にもインド・ベトナム・ドイツ、韓国など多岐に渡っている。同社は二〇〇五年から中国の大学に直接赴き、優秀な新卒者の直接採用をはじめている[※1]。


【(2)アジア市場向け人材の獲得】


二つめは、アジアなど新興市場開拓に向けた人材を獲得したい、というニーズだ。

アジア市場に製品・サービスを売るためには、市場のニーズに合った開発・販売をして、さらには現地の代理店や政府を上手に活用できる人材が必要となる。また、現地の人事・広報担当など現地との接点づくりの仕事では、地元の人材を活用したほうがよいケースも多い。外国人を採用して、日本本社で勤務後、現地法人に派遣して現地の重要なポジションを任せたり、中長期的には現地トップに据えたりするキャリアが考えられるだろう。

たとえば、ユニクロは新興国への事業展開を見据え、現地における店舗スタッフやマ

※1　北山秀輝『人事マネジメント（二〇一一年五月号）』「突撃！隣の外国人職場」

ネジメント人材などを積極的に採用している。楽天本社では英語を公用語にし、今後の海外展開を考慮して、積極的に外国人の採用に取り組んでいる。

さらに、これは大企業に限った話でもない。大阪市に本社を置き計測システムやLEDライトの販売を主要事業とする中央電機計器製作所は四三名の社員のうち中国人社員が八名おり、彼らは中国などに進出しているメーカーへの売り込みや海外展示会に出展する際のサポートをしている[※2]（二〇一〇年時点）。サーバーホスティング事業を展開するクララオンライングループでも、七三名の社員のうち約二割が外国人社員だ。日本以外に中国、シンガポールなどを拠点としてサービスを提供している同社は、今後もアジアに積極的に進出することを考えており、アジアの顧客に多言語で対応するためにも外国人を登用することが必要だとする[※3]（二〇一二年時点）。

【(3)観光客向け人材の獲得】

デパート、有名海外ブランド店舗、ホテルなどサービス業でも外国人社員のニーズは高い。日本のサービス業では、中国人観光客の販売・接客対応要員として、現地の人材を積極的に採用している。東日本大震災の影響で訪日する中国人の数は減少したが、それでも中長期的に見れば重要な顧客層であることに変わりはない。銀座の化粧品やブラ

※2 『戦略経営者』（2010年12月号）「中国人社員を戦力化せよ」
※3 クララオンラインウェブサイト、「@IT自分戦略研究所」ウェブサイト（http://jibun.atmarkit.co.jp/ljibun01/rensai/leader/40/01.html）

ンド店には中国人や中国語を話せるスタッフが常駐するようになっている。

⑷ダイバーシティ人材の獲得

最後は、近年話題になることの多いダイバーシティによる組織活性化のニーズである。ダイバーシティとは「異なる価値観を持つ人材が組織に入ることでこれまでとは違う発想やイノベーションが生まれる」ことを狙った人事戦略だ。外国人を採用することで日本人社員のグローバル化に対する意識を向上させるというメリットもあるし、日本企業が中国をはじめとする新興国に事業を展開する中ではさまざまな国籍の人材を交えた多様性あるチームでプロジェクトを推進することも必要となる。

こうして見ていくと、日本で働き続けるとしても、外国人、特に留学生の数が多いアジア人とともに働く時代となることは不可避な流れだ。就職や入社後の昇進などを巡って競争する場面も増えるだろう。

日本本社が「アジア化」する

あなたの会社もアジア化する

さらに、日本本社自体が「アジア化」していく例を見てみよう。

コンビニエンスストア大手のローソンは、本社における外国人の採用を進めている。同社の新浪剛史社長の強い意向で、海外進出とは切り離し、社内に価値観やバックグラウンドが異なる人材を入れることでイノベーションを起こす、というのが主な目的だ。

二〇〇八年から「新卒社員の約三割を外国人にする」という目標を立てている（図⑨参照）。二〇一二年度は東日本大震災の影響があったが、今後も三割が外国人になるよう新卒を採用する方針は変えず、留学生のインターンシップ等も増やす予定だという。これまで採用された外国人社員はすべてアジア人で、出身地は中国、韓国、台湾、ベトナム、インドネシア、マレーシア、モンゴル、タイ、バングラデシュなど多岐に渡っている。

彼らは日本人と同様の試験で採用され、採用後の給与も人事制度も同じ待遇になって

図⑨／ローソンの新卒採用数に占めるアジア人

新卒採用年度	採用者数（うちアジア人の割合）
2008	115名（10名）
2009	122名（39名）
2010	88名（17名）
2011	58名（19名）
2012	98名（21名）

出所：ローソン資料

いる。採用後は研修を受け、まずは店舗に配属されて現場での仕事を体験する。現在は二〇〇八年の採用当初に入社してきた世代が本社スタッフとして活躍し、大連、上海などの海外にも中国人駐在員が派遣されている。

日本に来ている留学生の九割以上がアジア出身であることから考えても、日本企業のグローバル化は、まずは「アジア化」からはじまるだろう。

日本を再認識する機会に

こうした状況を踏まえ、日本人にとって外国人とともに働くメリットはどこにあるのだろうか。先ほどのローソンのケースから見てみよう。

まず、「日本」「日本人」というアイデンティティを再認識することがある。ローソンの中村剛さん（ＳＣＭ構造改革ステーション次世代ＳＣＭ部長）は、「新卒の外国人採用をはじめた当初はアジア人社員同士のコミュニティができて社内に馴染まないのでは、などの不安があったが、実際にふたを開けてみるとまったくそんなことはなかった」と言う。

外国人社員との仕事やコミュニケーションを通じて、日本独自の文化に気づかされることも多かったそうだ。

たとえば、外国人社員から、「土用の丑の日にはなぜウナギを食べるのですか？」「正月のおせち料理には何が入っていればいいのですか？」といった質問が飛ぶ。日本人社員もこれらの質問にきちんと答えられないことが多く、改めて日本文化を学ぶきっかけになった。外国人社員も日本文化の歴史や成り立ちを理解することでさまざまなアイデアを出すようになり、二〇〇九年の直営店舗における個人のおせちの予約販売数で、全国トップになったのは中国人社員だったという。外国人社員がわからないことをそのままにせず、積極的に質問する姿勢が日本人の若手社員によい影響を与えている面もある。

さらに、多様な価値観の中で仕事をすることで他者への受容性が育つ、という効果もあった。ローソンの国内店舗には外国人客が多く来店する。そうした顧客のニーズに応える接客をすることは日々の課題であり、ここでも国籍の異なる同僚がいることが大きなプラスとなっている。

ローソンでは、駐在員を派遣する際には、語学力よりもコミュニケーション力を重視している。現在、重慶の子会社に駐在する日本人の総経理は、以前横浜の事務所でバングラデシュ人の部下をマネジメントしていた経験を持つ。その経験を活かし、中国で現地スタッフと円滑に仕事をしているという。

このように、今後は好むと好まざるとにかかわらず、日本においても業種・職種を問わず外国人とともに働く機会は増えていくだろう。避けられないことであれば、積極的にそれに取り組んでスキルを上げていきたい。

新しいリーダーシップへのかたち

私が以前参加した、アジアで開催されたグローバル研修の場でのことだ。

ここでは、「ラオスのダム建設への融資」というテーマでの話し合いにおいて、参加者が「世界銀行」「ラオス政府」「ＮＰＯ」「ダム建設によって移住しなければならない村人」という四つの役割に分かれて議論する場面があった。

前提としては「安定的に周辺地域に水を供給するにはダム建設が必要であり、村人の移住も不可避」という設定がされていた。ラオス政府に扮したチームは「私たちは世界銀行から融資を引き出し、ダムを現在の村がある場所に建設したい。それは長期的な周辺地域への水供給のことを考えてのことだ」と言う。一方で村人チームは「住み慣れた村に住み続けたい。老人も多いために移転は難しい」と主張する。

議論がこう着状態になったときのことだ。

政府役の中国人メンバーが村人役のメンバーにこう言った。

「あなた方の心配はよくわかります。ただ、あなた方の息子や娘、さらには孫のことを考えてください。満足な水が得られないこの場所で暮らし続けることが、本当に彼らにとってよいのでしょうか？」

この言葉で議論の雰囲気がガラリと変わった。一人ひとりが問題を「自分ごと」として考えはじめたのだ。その瞬間の皆の表情の変化は忘れられない。やがて村人たちは「家族や子孫のために移住に同意します」という結論を出した。

この結論が正しいかどうかはわからない。あくまで仮の設定に基づいた議論であり、現実となればもっと複雑な条件が絡み合うだろう。しかし、ひとつ言えるのは、家族の話になったときに、現在の状況にこだわっていた村人が未来の状況を考えるようになった、ということだ。家族の未来を考えるとき、どんな人も素顔の個人に戻る。そんな風に、世界の課題を家族の課題として考えることができることを実感した。

この話し合いの経験から、私は「〝世界の課題〟を〝家族の課題＝自分ごと〟として捉えさせる」ことこそ新しいリーダーの役割なのではないか、と考えるようになった。

それは、全体の利益を考え、人を導く、ファシリテーション型・調和型のリーダーシップでもあるだろう。ジョセフ・ジャウォースキーは著書『シンクロニシティ』（金井壽宏監修、野津智子訳、英治出版）で、新しいかたちのリーダーシップについて、「（略）思いやりを持って奉仕すること。（略）それは、受身のリーダーシップではなくむしろ創造的なリーダーシップである。すばらしい社会や地域を思い描く力と、そういう社会や地域をつくる手助けをする力を持つリーダーシップでもある」と述べている。

こうした新たなリーダーシップの在り方が、これからの世界に求められている。金融中心の資本主義が限界に差しかかり、食糧・人口・環境など、一国だけでは解決できない大きな課題が山積みになっている。地球全体の利益を考えた解決策が必要だが、国同士の議論では自国のエゴがぶつかり、なかなか合意がとれないのが現状だ。

ここでも、自分の家族を思い出してみよう。地球が大きな家だと考えれば、その中の人間は家族のようなものだ。自分の家を壊されるとなったら、誰もが反対するだろう。自分には関係ない大きな地球上の話に思えても、実は自分の大切な家族の話と同じなのだ。

国境を越えた社会問題のように、正解がなく、国や立場によって利害が変わってくる状況の中で、問題を自分ごとにし、多くの人とつながり、巻き込みながら見えない未来を創り出す。そうした人がこれからのリーダーとなるだろう。

この本で書いてきた「アジアで働く」ことは、こうしたリーダーになるためのひとつの過程となるはずだ。この本を読んでくれている皆さんは、ここからリーダーシップの根幹となるものをつかみとってほしい。それは、答えがない環境に自分をさらし、必要な何かを全身で感じ取り、自分で答えを創り出していく、というプロセスからしか得ることができない。

そして、これは、今のグローバル化時代に生きる人すべてに必要なことでもある。変化が激しく先が見えない時代の中では、誰かに引っ張っていってもらうのではなく、一人ひとりが自分の軸を持って、主体的に未来を創っていくことが必要だ。

この新しいリーダーとは、この本を読んでくれているあなたのことだ。

私も、より多くのリーダーが活躍する土壌づくりの一助を担いたいと思っている。

あなたの活躍を楽しみにしている。

おわりに

人生はひとつの物語のようなものだ。

それは過去、現在、未来が連続して成り立っている。

ここまで、この本では私の「過去」の経験やアジアで働く人たちの経験を通じて、「アジアで働く」ことをテーマにして、日本以外のアジアに一歩踏み出すことについて書いてきた。

「現在」、私はアジア人としての意識を持ったアジア発グローバルリーダーの育成をしたいという思いで企業研修や大学での講義を行っている。「アジアで働く」というテーマでこの本を書いたのも、多くの人が意識をグローバルサイズに拡大してほしいという思いとともに、新しいグローバルリーダーを育成したいという思いからでもある。

そして「未来」。今後は二つの具体的なアクションをしたいと考えている。

ひとつは準備されたプログラムとは違う経験ができる「グローバル人材育成プロジェクト」をつくることだ。このプロジェクトでは自分の体で何かを感じとる「グローバル体感力」を大切にしたい。グローバルな環境の中で自分自身にとっての課題を見つけたり、それに対する自分なりの考えを導いたりすることが大切だ。そして、新たな環境の中で自分と向き合って、自分が何者かということ、自分の良さや強みについて考える機会としたい。これはそのままこの本で訴えてきたことにつながる。

「はじめに」で述べたように、私たちは「答えがない世界」に生きている。自分や他者と向き合い、そこで感じた何かから自分なりの決断を下したり、答えを創り出したりしていくことが必要だ。この答えとは「正解」ではなく、自分の思いから生まれてくる「信じる道」とでもいうべきものだ。

私がはじめて中国に行った一七年前と比べて、アジアは物理的にも心理的にも行きやすくなっている。巻末資料で紹介するように、さまざまな経験ができる土壌も生まれている。しかし、すべてが便利に用意されていると、結局は計画通りの予定調和的な経験となり、悩みながら自分と向き合い、考えることが少なくなってしまうのでは、と感じることも多い。だからこそ、「答えのない未来を自分で創り出す」という意識が大切だ。

二つめのアクションとしては、「国籍やバックグラウンドが違う人がさまざまなトピックや自分の思いについて本音で話し、つながる場」を創ることだ。日本人をはじめとしたアジア人を中心に、多種多様な人が参加して、ともに学び刺激し合う場を創りたい。それは、本章で書いたように、スキルありきではなく、「在り方」をベースにして世界の人とつながり、新しい社会の流れを作り出していける人を育てたいと考えているからだ。この本を読んでくれているあなたと一緒に、こうした活動をしていければと考えている。

皆さん一人ひとりにそれぞれの物語がある。
私と皆さんのあいだにも、物語があるはずだ。
五年後、一〇年後にはまた新たな物語ができているだろう。
皆さんと一緒に、未来の物語を創っていきたい。

九門　崇

謝辞

本書はこれまで私の国内外におけるビジネス、社会活動、大学などさまざまな面で関わって頂いた方々のおかげで完成したものです。

登場して頂いた方はなるべく本名で掲載するように努めましたが、ご事情によりイニシャルや仮名で掲載させて頂いたケースもあります。よって、全員のお名前を挙げることはできませんが、皆さまに感謝の意を表したいと思います。

八谷賢次氏、迫俊亮氏、福山秀仁氏、岡秀樹氏、中村俊裕氏、八木洋介氏、吉野洋太郎先生、税所篤快氏、北村英樹氏、草野玄氏、サンジェイ・パンダ氏、リチャード・チョウ氏、ホイイ・リン氏、中村剛氏、その他取材にご協力頂いた皆さま、本当にありがとうございました。

また、本書執筆時の取材手配や構成を考えるにあたって、日本を含めた多くのアジアの方々に大変お世話になりました。スケジュール管理が苦手で、ときにはばたばたしてしまう私に根気よくお付き合い頂き、貴重な意見やフィードバックを頂いたことに感謝しています。今後も良き友人としてお付き合い頂ければ幸いです。

前職の日本貿易振興機構（ジェトロ）でご指導頂き、お世話になった上司、先輩、同僚、後輩の皆さまには、在職中はもちろん、独立後も温かい支援を頂いたことにお礼申し上げます。北京のインターン当時、何もできなかった私を快く受け入れて下さった総経理、また当時中国でお世話になった方々にこの場を借りて改めてお礼を申し上げます。

北京で私に多くの示唆を与えてくれたR氏はその後急逝されてしまいましたが、彼の言葉は今も私の心に生きています。R氏のご冥福を心よりお祈りいたします。

英治出版の編集者の杉崎真名氏には、なかなか筆が進まない私をいろいろな角度から引き出し、貴重なアドバイスを与えて頂きました。本書を書きはじめた当初はこんなに自分の経験を書くことになるとは予想していませんでしたが、今になってみれば非常に貴重な経験をさせて頂いたと思います。発想が拡散しがちな私の原稿を完成に導いて頂き、感謝しています。

最後に、私にアメリカ、中国という海外を体験し、留学する機会を与えてくれた父親と母親に心から感謝の意を述べたいと思います。両親の教育への思いがあったからこそ、今の私があるのだと思います。

●日鉄技術情報センター『日本――その姿と心』
（学生社、2010年）: 日英対照
●日鉄技術情報センター『日本――姿与心』
（学生社、2010年）: 日中対照
●植田一三、上田敏子 『英語で説明する日本の文化』（CD付）
（語研、2009年）
●ルース・ベネディクト 『菊と刀』
（長谷川松治訳、講談社、2005年）
●新渡戸稲造 『現代語訳 武士道』（山本博文訳、筑摩書房、2010年）
●リチャード・S・ニスベット 『木を見る西洋人 森を見る東洋人』
（村本由紀子訳、ダイヤモンド社、2004年）

4 新しい働き方を知るための本

●ダニエル・H・ピンク 『フリーエージェント社会の到来』
（池村千秋訳、ダイヤモンド社、2002年）
●ダニエル・H・ピンク 『ハイ・コンセプト』
（大前研一訳、三笠書房、2006年）
●リチャード・フロリダ 『クリエイティブ・クラスの世紀』
（井口典夫訳、ダイヤモンド社、2007年）

5 グローバルリーダーシップについての本

●マーク・ガーゾン 『世界で生きる力』（松本 裕訳、英治出版、2010年）
●増田弥生、金井壽宏 『リーダーは自然体』（光文社、2010年）
●八木洋介、金井壽宏 『戦略人事のビジョン』（光文社、2012年）

6 語学学習についての本

●鶴田知佳子、柴田真一 『ダボス会議で聞く世界の英語』（CD付）
（コスモピア、2008年）
●コスモピア編集部 『オバマ大統領演説』（CD付）（コスモピア、2009年）
●金枝瑠璃 『中国語で自己紹介ができる本』（DVD付）
（メディアファクトリー、2011年）

巻末資料:アジアへの一歩を踏み出すための情報源

ここでは、この本を読んでアジアで働こう、留学しようと思った人が、具体的にとれるアクションについてまとめている。日本にいながらアジアや日本を理解し、新しい働き方やグローバルリーダーシップについて知るためのお薦め書籍、日本でアジア人と交流するWebサイト、最近人気のオンラインやスカイプを使った語学スクールなどを紹介している。また、実際にアジアに行くときに役立つインターン制度や奨学金の情報についてもまとめた。

日本・アジアを知る

書籍

1 グローバル世界を理解するための本

●トーマス・フリードマン 『フラット化する世界(上)(下)』
(伏見威蕃訳、日本経済新聞出版社、2006年)

●水野和夫 『人々はなぜグローバル経済の本質を見誤るのか』
(日本経済新聞出版社、2007年)

2 アジアを理解するための本

●キショール・マブバニ 『「アジア半球」が世界を動かす』
(北沢 格訳、日経BP社、2010年)

●C・K・プラハラード 『ネクスト・マーケット[増補改訂版]』
(スカイライト コンサルティング訳、英治出版、2010年)

●大泉啓一郎 『老いていくアジア』(中央公論新社、2007年)

●後藤康浩 『アジア力』(日本経済新聞出版社、2010年)

●池上 彰 『そうだったのか! 中国』(ホーム社、2007年)

3 日本・比較文化についての本

日本の社会・文化・歴史・産業全般、日本と海外の比較文化についての本。日英(日中)併記で解説してある本はそのまま現地でも使えるので便利だ。

用語であり、人件費が安いフィリピンと日本をつないでサービスを行う例が多い。月額4000～5000円程度からはじめられる。スカイプで話すだけでなく、独自のカリキュラムを整えたスクールも開講している。

●**レアジョブ**(http://www.rarejob.com/)
25分から利用可能、入会金無料など手軽に使えることが特徴。スカイプを利用する。

●**オンライン英会話PIKT（ピクト）**（http://www.pikt.jp/)
バングラデシュ出身の創業者による、フィリピン人を講師とする英会話学校。細かいコース分けが設定されている。スカイプを利用する。

実際にアジアへ行く

アジアは距離的に近く、羽田空港の国際化などで便数が増え、低価格キャリア(LCC)も飛ぶようになるなど、物理的に非常に行きやすくなった。1週間程度で行けるアジアの視察ツアー、短期留学、大学生向けのインターンシップなど、観光から一歩踏み込み、実際のアジアを体験できるさまざまな方法がある。もちろん仕事のプロジェクトや研修制度を利用するのもひとつの方法だろう。

›››› 海外視察ツアー／スタディツアー

地球の歩き方やHISなど主要な代理店が、1週間程度から海外の視察、社会貢献活動を体験できるツアーを企画している。また、日本のNGO・NPOが「スタディツアー」として数週間程度、アジアその他の国を視察するツアーを企画する例も多い。

●**地球の歩き方**(http://www.arukikata.co.jp/volunteer/)
海外ボランティアと銘打った体験ツアーを豊富に用意する。カンボジアやインドのマザーテレサの施設でボランティアをする、タイの家族と一緒に家を建てる、バングラデシュでソーシャルビジネスの現場を視察するといったものがある。

映画

中国であれば、張芸謀(チャン・イーモウ)、王家衛(ウォン・カーウァイ)など有名監督の映画は歴史を知る上でも役立つ。インドの映画俳優シャー・ルク・カーンなど、アジア圏で広く知られている歌手や俳優、女優などを知っていると話が盛り上がる。

アニメ・マンガ

中国や韓国の若い世代は日本のマンガやアニメに触れて育っていることが多いため、共通の話題にしやすい。たとえば、尾田栄一郎『ONE PIECE』(集英社)は中国では『航海王』という名前で翻訳され、人気を集めている。

日本の名所・伝統文化

富士山(日本のシンボルとしてよく聞かれる)、北海道(雪が降らない東南アジア圏の人に関心をもたれる)、京都などアジアで人気の場所に行っておくといい。また、歌舞伎・能・浮世絵などの伝統文化を知っておくのも役立つ。

交流・語学

SNSで交流する

●**lang-8** (http://lang-8.com/)
母国語を教えあう相互添削型SNS。自分が学びたい言語を母国語にしているユーザーを見つけてリンク申請し、お互いが学んでいる言語で日記や自分の興味ある内容を書いて添削し合うしくみ。

オンラインで語学を学ぶ

現在、オンラインで語学を学ぶサイトは多数ある。英語に関しては、英語が公トの効果測定をするためのインターン制度「コペルニクフェロー」がある。3ヵ月以上現地に行くことができ、プロジェクトの効果分析ができ、開発途上国の問題に関心があることが応募要件となる。

>>>> 奨学金

アジア圏に留学するにあたっては、欧米留学ほどではないことが多いにせよ、それなりの資金が必要になる。ここでは奨学金についてもチェックするとよいだろう。

●独立行政法人日本学生支援機構-JASSO
(http://www.jasso.go.jp/study_a/scholarships.html)

サイトに各種奨学金へのリンクが記載されている。アジア各国の政府からの奨学金もある。

●ICC国際交流委員会
(http://www.iccworld.co.jp/scholarship/list.shtml)

人材サービスのテンプグループによる運営。各種奨学金が記載されている。

●経団連国際教育交流財団
(http://www.keidanren.or.jp/japanese/profile/ishizaka/index.html)

経団連が協力する奨学事業である「経団連グローバル人材スカラーシップ」は、将来日本企業の国際的な事業活動でグローバルに活躍することが期待される大学生および大学院生を対象に、奨学生を募集・選考し、奨学金を支給する。

●**HIS**（http://www.his-j.com）
カンボジア、ベトナム、中国、バングラデシュなどさまざまな現地視察ツアーがある。アジアの経済状況やビジネス状況を把握するような視察が中心。

●**シャプラニール**（http://www.shaplaneer.org/）
バングラデシュで高齢者や若者の支援を行うNPOであるシャプラニールが企画・運営するスタディツアー。バングラデシュの少女たちがクラフトの生産を行う現場を見学するなどの内容。

＞＞＞＞ 短期語学留学

フィリピンはオンラインでの英語学習に加え、実際に短期留学する地としても人気が高まっている。欧米に留学するのに比べ、滞在費や学費がリーズナブルなことが人気の理由だ。1、2週間から利用でき、プライベートレッスンやグループレッスンなどのコースを揃える。中国でも、大学が夏季冬季の休暇中に短期間で学べる語学クラスを開催する例が多い。北京語言大学は外国人に中国語を教えることに定評のある大学、上海の復旦大学では英語で中国経済などを学ぶクラスがある。

●**北京語言大学　留学生向けプログラム**（日本語版案内）
（http://www.studyinblcu.cn/lxs/_02001）

●**復旦大学　留学生向けプログラム**（英語版案内）
（http://iso.fudan.edu.cn/xuewei.htm）

＞＞＞＞ インターンシップ

大学生であれば、アジアでインターンシップをするのもよいだろう。AISECなどが海外でのインターンプログラムを揃えている。

●**アイセック・ジャパン**（http://intern.aiesec.jp/）
世界最大級の学生組織。ビジネス、NPO、システム開発など、さまざまな種類のインターンシッププログラムがある。期間は6週間程度から、エリアは中国、インド、ベトナム、インドネシア、フィリピン、マレーシア、カンボジアなど。

●**コペルニク**（http://kopernik.info/ja）
本文でも紹介したNPOコペルニクでは、開発途上国で実施したプロジェク

●参考文献

【書籍】

古市憲寿『絶望の国の幸福な若者たち』(講談社、2011年)
八木洋介、金井壽宏『戦略人事のビジョン』(光文社、2012年)
坪井ひろみ『グラミン銀行を知っていますか?』(東洋経済新報社、2006年)
税所篤快『前へ!前へ!前へ!』(木楽舎、2011年)
R・C・バルガバ『スズキのインド戦略』(島田卓監訳、中経出版、2006年)
増田弥生、金井壽宏『リーダーは自然体』(光文社、2010年)
ジョセフ・ジャウォースキー『シンクロニシティ』(金井壽宏監修、野津智子訳、英治出版、2007年)

【雑誌・新聞】

週刊東洋経済(2010年6月19日号)「あなたは世界で戦えますか?」

プレジデント(2007年12月3日号)「全公開!日本人の給料」

人事マネジメント(北山秀輝、2011年5月号)「突撃!隣の外国人職場」

戦略経営者(2010年12月号)「中国人社員を戦力化せよ」

月刊グローバル経営(九門崇、2010年7月8日号)「"中国の頭脳"を求める時代」

日本経済新聞(2012年1月1日朝刊)「C世代駆ける」

日本経済新聞(2011年1月6日朝刊)「ユニ・チャームが『中国本社』投資など権限移管」

【各種レポート・ウェブサイト】

経済産業省「通商白書2010」
ジェトロ「インド・インフラマップ」(2011年3月)
文部科学省「『日本人の海外留学者数』について」
みずほ総研「みずほ総研論集2008年IV号」(2008年)「東アジアの持続的発展を巡る諸論点」
マイナビ「2013年卒マイナビ大学生就職意識調査」(2012年3月21日発表、調査時期2011年12月1日～2012年2月29日)
ディスコ「外国人留学生の採用に関する企業調査」(2011年8月実施)
ジェトロ・ウェブサイト(http://www.jetro.go.jp)
株式会社クララオンライン　ウェブサイト(http://www.clara.co.jp/)
The Poverty Line ウェブサイト(http://thepovertyline.net/?cat=3)
株式会社ニチイ学館プレスリリース(2012年4月19日)
セコム株式会社プレスリリース(2012年4月18日)
ユニ・チャーム株式会社プレスリリース(2011年10月31日)
@IT自分戦略研究所(荒井亜子)　クララオンライン 家本氏「トッププレーヤーを意識せよ」
21世紀中国総研(中村公省)「中国大学生の人気企業—2010年調査結果」

ジェトロ・ウェブサイト(九門崇)「中国ビジネス3.0の時代」

(http://www.jetro.go.jp/ttppoas/howto/index5j.html)

日本経済新聞電子版(九門崇)「グローバル人材・育成塾」

(http://bizgate.nikkei.co.jp/special/glf/column/index.aspx?n=MMBIa5001030112011)

日経BPネット(九門崇)「中国から探るグローバルビジネス」

(http://www.nikkeibp.co.jp/article/column/20080923/100464/)

●著者

九門　崇
KUMON TAKASHI

株式会社九門崇事務所　代表取締役社長
東京大学　特任研究員

慶應義塾大学法学部卒、ミシガン大学公共政策大学院修士課程修了。

日本貿易振興機構（ジェトロ）にて、清華大学経済管理学院で経営学などの研修を経て、中国をはじめとするアジア新興国の経済・企業戦略等に関するリサーチに従事。独立し、主にアジアで活躍できるグローバル人材育成をテーマに研修・講演・コンサルティングを実施。また、東京大学では、中国・インドを中心としたアジアのビジネスケースを用いた授業などを行っている。2011年、ジョン D.ロックフェラー氏が設立した国際的NPO「アジア・ソサエティ」が主催する「アジア21ヤングリーダーズサミット」日本代表に選出。

著書に『中国進出企業の人材活用と人事戦略』、『中国ビジネスのリスクマネジメント』（いずれもジェトロ＝共著）等多数。

九門崇事務所公式サイト　http://www.kumontakashi.com/
フェイスブックページ　http://www.facebook.com/t.kumon.associates.inc

●英治出版からのお知らせ
本書に関するご意見・ご感想をE-mail（editor@eijipress.co.jp）で受け付けています。また、英治出版ではメールマガジン、ブログ、ツイッターなどで新刊情報やイベント情報を配信しております。ぜひ一度、アクセスしてみてください。

メールマガジン	会員登録はホームページにて
ブログ	www.eijipress.co.jp/blog/
ツイッターID	@eijipress
フェイスブック	www.facebook.com/eijipress
Webメディア	eijionline.com

アジアで働く　自分を活かす・キャリアが広がる

発行日	2012年8月15日　第1版　第1刷 2020年5月20日　第1版　第2刷
著者	九門崇（くもん・たかし）
発行人	原田英治
発行	英治出版株式会社 〒150-0022 東京都渋谷区恵比寿南1-9-12 ピトレスクビル4F 電話　03-5773-0193　　FAX　03-5773-0194 URL　http://www.eijipress.co.jp/
プロデューサー	杉崎真名
スタッフ	高野達成　藤竹賢一郎　山下智也　鈴木美穂　下田理　田中三枝 安村侑希子　平野貴裕　上村悠也　桑江リリー　石崎優木 山本有子　渡邉吏佐子　中西さおり　関典子　片山実咲
印刷・製本	大日本印刷株式会社
装丁・本文デザイン	中川英祐　中澤愛子（TRIPLELINE）

ISBN978-4-86276-134-7　C0034　Printed in Japan